TERENCE C. M. TSE,
MARK ESPOSITO E DANNY GOH

A ERA DA INTELIGÊNCIA ARTIFICIAL

O IMPACTO NOS NEGÓCIOS, NA EDUCAÇÃO, NO LAR E NA SOCIEDADE

TRADUÇÃO
UBK Publishing House

ubook UBK Publishing House

Publicado mediante acordo com a DropCap Rights Agency. Edição original do livro *The AI Republic: Building the Nexus Between Humans and Intelligent Automation* publicada por Scribe Media 815-A Brazos Street, Suite #220, Austin, TX, 78701, Estados Unidos.

ubook UBK Publishing House

COORDENAÇÃO Alessandra Brito
EDIÇÃO Nikita Sigrist
COPIDESQUE Luísa Peixoto
REVISÃO Diego Franco Gonçales e Maria Alice Pavan Sabino
CAPA Nathália de Morais
DIAGRAMAÇÃO Studio Oorka
IMAGEM DE CAPA Blue Planet Studio | shutterstock.com

Dados Internacionais de Catalogação na Publicação (CIP)
(Câmara Brasileira do Livro, SP, Brasil)

Tse, Terence C. M.
A era da inteligência artificial : o impacto nos negócios, na educação, no lar e na sociedade / Terence C. M. Tse, Mark Esposito e Danny Goh ; [tradução UBK Publishing House]. -- Rio de Janeiro : Ubook Editora, 2021.

Título original: The AI republic
ISBN 978-65-5875-620-0

1. Inteligência artificial 2. Inteligência artificial - Aspectos sociais I. Esposito, Mark. II. Goh, Danny. III. Título.

21-66208 CDD-006.3

Ubook Editora S.A
Av. das Américas, 500, Bloco 12, Salas 303/304,
Barra da Tijuca, Rio de Janeiro/RJ.
Cep.: 22.640-100
Tel.: (21) 3570-8150

À minha esposa, Celine, e filhas, Clélia e Lucile.
Obrigado por me aturarem.

— TERENCE

Ao meu pai, Vincent, e à memória amorosa de minha mãe, Carla.
Obrigado por tudo o que fizeram por mim.

— MARK

À minha família e a meu filho, Nice, que têm apoiado meus sonhos.
E especialmente à minha esposa, Teruyo, que nunca questiona, mas acredita em mim.

— DANNY

A todos os nossos amigos e colegas da Nexus FrontierTech, que se empenharam ao máximo para fazer da empresa um sucesso.

— NÓS TRÊS

SUMÁRIO

INTRODUÇÃO

Em 2015, o *The New York Times* publicou um questionário que fora projetado para ilustrar as capacidades de escrita da inteligência artificial.[1] Você é capaz de dizer se foi um ser humano ou um algoritmo de computador que escreveu os trechos a seguir?*

1. "Um terremoto de magnitude 4,7 foi registrado na segunda-feira de manhã a oito quilômetros de Westwood, Califórnia, de acordo com o U.S. Geological Survey. O tremor ocorreu às 6h25 da manhã, horário padrão do Pacífico, a uma profundidade de oito quilômetros."
2. "Em 2014, os ganhos do período de fim de ano da Apple quebraram recordes. A empresa obteve um lucro de 18 bilhões de dólares sobre 74,6 bilhões de dólares em receitas. Esse lucro foi o maior já registrado na história de qualquer empresa."
3. "Quando em sonhos eu contemplo a tua mais bela tonalidade
   Tonalidade a qual em sonhos desperta a manhã adormecida
   A sombra diurna do meu amor trai
   Empresta a uma noite horrível a forma desbotada de um sonho."

---

*. Adaptado para o português brasileiro. [N.E.]

4. "Benner rebateu bem para Hamilton A's-Forcini. Ele teve três chances e conseguiu rebater em duas delas; rebateu a primeira a bola e salvou a primeira base, na segunda vez, ele marcou uma corrida. Benner conseguiu uma rebatida simples na terceira entrada arremessada e uma rebatida dupla na quinta."
5. "Kitty ficou muito tempo sem conseguir adormecer. Seus nervos estavam tensos como um nó apertado, e nem mesmo o copo de vinho quente, que Vronsky a fizera beber, ajudou. Deitada na cama, ela não parava de reviver aquela cena monstruosa no prado."
6. "Terça-feira foi um grande dia para W. Roberts. O lançador júnior teve um desempenho perfeito ao levar o time da Virgínia a uma vitória de 2 a 0 sobre o time de George Washington, no Davenport Field."
7. "Fui colocado no banco macio de uma van da American, e vários caras continuavam a me servir vodca, que eu bebi obedientemente, porque, para um russo, é indelicado recusar."
8. "Na verdade, eu adoraria construir um verso para você
   Para agitar tal verso um bilhão de vezes por dia
   Então, digite um novo conceito para eu mastigar
   Eu continuo esperando muito tempo, espero que você fique."

Aqui estão as respostas: 1. computador, 2. ser humano, 3. computador, 4. computador, 5. computador, 6. computador, 7. ser humano, 8. computador.

AS COISAS NÃO SÃO MAIS COMO ANTES

Como você se saiu? Não se sinta muito mal se falhou miseravelmente. Mesmo um especialista em literatura mais experiente teria dificuldade para decidir qual dos exemplos anteriores foi escrito por uma pessoa de carne e osso.

O teste mostra o quanto as máquinas progrediram em fazer coisas que os humanos podem fazer. Está nítido que elas já podem compor textos de forma quase indistinguível da escrita humana. As coisas não são mais como antes; há algo acontecendo aqui que é mais importante do que muitos avanços tecnológicos do passado. Nunca vimos tal ambiguidade entre humanos e máquinas.

Ou então, dê uma olhada no que os computadores modernos podem pintar. ING e Microsoft, um banco global e uma gigante da tecnologia, respectivamente, completaram há pouco tempo um projeto chamado *The Next Rembrandt* [O próximo Rembrandt].[2] Com base na análise de 346 pinturas do artista, uma equipe de engenheiros utilizou tecnologias de reconhecimento facial para criar uma pintura original, baseada nos estilos e padrões geométricos dos quadros de Rembrandt.[3]

Embora tudo isso seja empolgante, e talvez um pouco alarmante, é importante lembrar que, mesmo que consigam escrever poesia decentemente, as máquinas não podem e nunca poderão substituir completamente os seres humanos. De fato, há muitos papéis que as máquinas nunca conseguirão exercer. Para entender o porquê, precisamos de uma melhor compreensão sobre como a Inteligência Artificial (IA) se encaixa em nosso mundo e como ela está evoluindo.

QUÃO INTELIGENTE É A INTELIGÊNCIA ARTIFICIAL?

As pessoas frequentemente querem saber se os computadores estão se tornando mais inteligentes que os humanos. Essa pergunta é compreensível, mas, em última análise, é formulada de forma superficial. O medo subjacente é a ideia de que a IA representa um desenvolvimento tecnológico extraordinário, com o potencial de ser mais inteligente do que somos, de talvez até nos dominar. É assim que a mídia, os futuristas e a ficção científica reiteradamente retratam os avanços da IA. Fomos advertidos, por exemplo, que a única saída para a raça humana sobreviver aos tempos vindouros é fundir-se com as máquinas.[4]

Não há dúvidas de que não podemos mais descartar a necessidade de trabalhar em conjunto com as máquinas. Porém, o quanto uma "fusão" é realmente necessária depende de como se define "inteligência". É uma falácia básica supor que a inteligência humana é algo que a IA conseguiria um dia imitar. Esse também não é o objetivo da tecnologia da IA. Na verdade, o que as máquinas fazem não é nada próximo à inteligência: elas simplesmente se destacam no espaço computacional. Apesar da existência de termos como "aprendizagem de máquina" e "rede neural" (que serão discutidos mais adiante), os mecanismos apenas reproduzem funções analíticas do cérebro humano, apenas parte do que nossos cérebros são capazes de fazer. Enquanto esse espaço lógico e analítico pode ser facilmente replicado, outras partes do nosso cérebro não podem.

Os computadores são inteligentes no sentido de que são mais eficientes quando se trata de cálculos complexos e processamento de dados brutos. Os computadores serão sempre melhores ("mais inteligentes") do que nós nesse âmbito. Mesmo uma calculadora portátil básica pode processar números a uma velocidade que nunca poderíamos alcançar. Com tempo suficiente (e boas habilidades matemáticas), uma pessoa poderia fazer a mesma tarefa, mas uma calculadora a completaria em um nanossegundo. Nesse sentido, mesmo uma calculadora muito burra é muito mais rápida e inteligente do que nós. Mas será que isso é inteligência? Não, isso é velocidade e processamento de números brutos.

É possível dizer que hoje existem algumas funções muito avançadas desempenhadas por computadores que nós, humanos, nunca conseguiremos realizar. Mas isso ainda não é inteligência. As máquinas são extremamente incapazes de fazer as coisas *por conta própria*; configurar os computadores para realizar uma tarefa específica ainda requer significativa intervenção humana. Um computador pode realizar análises estatísticas, como calcular probabilidades estatísticas com celeridade e precisão louváveis, mas não consegue entender o propósito de fazer isso. A análise e o resultado só são significativos graças aos humanos que projetam o estudo, escolhem a metodologia, decidem quais dados precisam ser coletados e calibram cuidadosamente o processo de cálculo. O ser humano ainda está no controle, tomando as grandes decisões que o guiarão a um destino final.

Também é importante lembrar que há muitas coisas que as máquinas não conseguem fazer muito bem. Se você quiser um computador para ajudá-lo a se vestir melhor, por exemplo, não terá tanta sorte. Adquirir um senso de estilo melhor é uma tarefa muito mais difícil e subjetiva.

Você estará muito mais bem servido se pedir ajuda àquele seu amigo estiloso, ou contratando um profissional para fazer suas compras, caso possa arcar com isso.

Para nós, o termo inteligência artificial é ambíguo em sua essência, porque presume um nível de intelecto que não está necessariamente lá. Neste momento, a IA tem um longo caminho a percorrer antes de se tornar verdadeiramente mais inteligente do que nós, e pode ser que ela nunca chegue lá. Sim, a IA pode fazer muitas coisas impressionantes, mas será que ela pode servir a um propósito maior e mais amplo para nossa sociedade?

OS DESAFIOS PARA A ASCENSÃO DA IA

O ritmo das mudanças tecnológicas está acelerando exponencialmente. Quanto tempo levou para que o telefone chegasse a todas as casas nos Estados Unidos? Essa tecnologia foi inventada em 1876, mas demorou mais de cinquenta anos para que chegasse à metade das residências americanas. O rádio levou 38 anos para atingir cinquenta milhões de ouvintes. Quanto tempo levou para o Facebook, que foi inventado em 2004, chegar a seis milhões de usuários e, mais tarde, a seiscentos milhões? Cerca de um e cinco anos, respectivamente.[5] Lançado em 21 de janeiro de 2011, o WeChat, um aplicativo de mensagens e rede social desenvolvido pela gigante tecnológica chinesa Tencent, atingiu cinquenta milhões de usuários em um ano. O número de usuários ultrapassou um bilhão pouco mais de sete anos depois.[6] Não há dúvida de que a tecnologia, agora, está penetrando no mercado a uma velocidade vertiginosa.

Dito isso, algumas tecnologias nunca decolam totalmente ou conseguem alcançar distribuição global. Na América Latina, as pessoas ainda formam filas que excedem o espaço dos bancos físicos para desempenhar funções que são já são feitas de forma inteiramente eletrônica em outras partes do mundo. Há muitos lugares onde a tecnologia de internet banking talvez nunca chegue, devido a fatores como custo e acessibilidade.

Assim como acontece com as transações bancárias eletrônicas, a abrangência da IA é muito menor do que fomos levados a acreditar. Apesar de a mídia hoje estar repleta de notícias sobre IA e retratar sua adoção generalizada nas sociedades e empresas, a realidade é muito diferente. A implantação rápida e em larga escala da IA está restrita, principalmente, às maiores corporações de tecnologia. A maioria das entidades em outros setores ainda não considerou sequer a integração da IA em suas operações.

Há vários fatores que atualmente limitam o crescimento da IA: o maior deles é o custo. Ainda é muito caro projetar e empregar sistemas de IA. A maioria dos países e empresas em todo o mundo não pode arcar com esse tipo de tecnologia e não será capaz de fazê-lo por muitos anos. Neste momento, Estados Unidos, Japão e China são os principais países que investem em IA. A Europa, que não é de forma alguma um continente obsoleto tecnologicamente, está cada vez mais atrasada e precisará correr atrás para se atualizar.[7]

Olhando pelo ponto de vista das empresas, a IA não é o tipo de produto que está disponível nas prateleiras das lojas; você não pode simplesmente comprar um sistema pronto e aplicá-lo em seu negócio. Para que a IA funcione de forma eficaz, ela precisa ser feita sob medida para as necessidades individuais de uma organização. É um processo substancial de integração no qual desenvolvedores e arquitetos de software se encontram com gerentes para trabalhar em conjunto de modo a atender necessidades específicas. E isso supondo que as necessidades comerciais e os objetivos do projeto tenham sido devidamente identificados. Muito frequentemente, mesmo as primeiras avaliações e a detecção inicial dessas necessidades exige muito trabalho. Em muitas ocasiões, as empresas percebem que a solução para seus problemas nem sequer envolve IA, mas sim a digitalização de processos e operações ou uma atualização para uma infraestrutura mais moderna. As organizações precisam fazer seu dever de casa antes de começar a se aventurar pelos caminhos da IA.

Outro fator que dificulta o uso generalizado da IA é o acúmulo de tecnologia por grandes empresas. A maior parte da tecnologia de

IA que é desenvolvida por empresas menores é quase imediatamente adquirida pelas maiores, como Amazon e Google. Muitas vezes, as empresas líderes não adquirem essa tecnologia com a intenção de comercializá-la e torná-la amplamente disponível. Em vez disso, elas a utilizam para melhorar seus próprios negócios.

Assim, a tecnologia em questão passa a estar fora do mercado e indisponível para o uso de qualquer outra pessoa, e as gigantes se tornam o grupo de elite no mundo da IA, pois são elas que detêm o poder e os recursos para investir pesadamente nisso. Essas corporações enviam olheiros para empresas menores e rapidamente adquirem tecnologias que poderiam ser úteis em larga escala, mas que têm sua disseminação impedida. Com isso, o trabalho colaborativo para o desenvolvimento daquela tecnologia é desestimulado.

Já em 2011, Marc Andreessen, da Netscape, escreveu um artigo chamado *Why Software is Eating the World* [Porque os softwares estão engolindo o mundo], explicando como startups proeminentes estão "construindo negócios reais, de alto crescimento, alta margem de lucro, altamente autossustentáveis".[8] Nos sete anos que se seguiram, essas startups que se transformaram em gigantes da tecnologia não só criaram tais negócios, como também aumentaram seu domínio no mercado, muitas ao nível de monopólio.[9] O resultado: elas estão sufocando rivais menores com seu domínio do mercado.[10] Hoje em dia, as mesmas gigantes detêm a liderança na área da IA, e elas muito provavelmente monopolizarão essas tecnologias e continuarão fechando o cerco em volta do crescimento e do desenvolvimento de quaisquer novos desafios do setor.

O INIMIGO INTERNO

A adoção lenta da IA é um indicativo de que ela não vai tomar conta do mundo, pelo menos não tão cedo. A mídia gosta de se preocupar com a "ascensão das máquinas", pois esse alarde atrai muita atenção e visualizações de página. Mas não é preciso perder o sono por causa disso. Afinal, as verdadeiras ameaças à sociedade como a conhecemos existem há muito tempo. É muito mais provável que um cenário de caos completo a nível global surja de mudanças climáticas, guerras, conflitos econômicos ou rupturas políticas.

Os seres humanos são uma ameaça muito maior para a humanidade do que a IA jamais poderia ser. Deveríamos estar muito menos preocupados com a ameaça da inteligência artificial do que com a ameaça da inteligência humana. De diversas formas, nossas características humanas fundamentais nos tornam ruins em tomar decisões e escolher rotas de ação. Nosso raciocínio é comprometido por equívocos e preconceitos.[11] Acrescentar tecnologia avançada a uma situação social volátil é nada mais que botar lenha na fogueira. "Não é a inteligência artificial que me preocupa; é a estupidez humana", disse Peter Diamandis, criador da Fundação X Prize e cofundador da Singularity University.[12] O historiador Yuval Harari, por outro lado, advertiu que "uma coisa que a história nos ensina é que nunca devemos subestimar a estupidez humana".[13] No fim das contas, não é a própria tecnologia que vai nos levar ao sucesso ou nos destruir. É a forma como nós, humanos, a implementamos e a usamos. A maneira como lidamos com as implicações éticas e morais e aplicamos a tecnologia é muito mais importante do que ela em si.

A REPÚBLICA IA

Apesar de a "ameaça" da IA à humanidade ter sido exagerada ao longo dos anos, não significa que os mecanismos "inteligentes" não representem uma grande força motriz no mundo tecnológico e comercial que mudará irrevogavelmente a maneira como vivemos. Mesmo que não saibamos qual será nosso destino, certamente sabemos em que direção estamos indo. E, com certeza, os humanos trabalharão lado a lado com as máquinas em um número cada vez maior de atividades. A "fusão" do homem e dos computadores começou há muito tempo, no momento em que aceitamos as tecnologias em nossas vidas.

Estamos utilizando cada vez mais dispositivos digitais nas atividades do dia a dia. De fato, em muitos aspectos, as pessoas não apenas acolheram bem esse uso, como também *delegaram responsabilidades* às máquinas. Basta se perguntar: quantos de nós ainda memorizamos números de telefone hoje em dia? Quantas pessoas ainda recorrem à consulta de mapas para ir do ponto A ao ponto B? Preferimos sempre ser guiados em vez de precisar descobrir os caminhos por conta própria. Ao mesmo tempo, estamos nos tornando mais inclinados a ceder nossa privacidade em troca de conveniência. Estamos perfeitamente felizes em tirar proveito de aplicativos e serviços on-line "gratuitos", pagando por eles com nossos dados.

Essa tendência continuará a crescer com a melhoria da inteligência das máquinas, pois elas serão capazes de assumir (e automatizar) papéis cada vez mais importantes que costumam ser desempenhados por seres humanos (pense nos novos carros autônomos). Uma implicação é que nossos próximos desenvolvimentos sociais e tecnológicos serão muito menos ditados pelos governos, com seu poder de controle diminuindo. Em vez disso, nossas escolhas serão moldadas e embasadas pelas tecnologias disponíveis (criadas pelas empresas, em particular, pelas gigantes tecnológicas) e pelo modo como os outros as utilizam.[14] O número de *likes* ou "estrelas" nas avaliações não vêm do Estado; são fornecidos pelo público em geral. O Twitter é mais poderoso do que gás lacrimogêneo.[15]

O fato de que o caminho para o futuro, até mesmo o destino das nações, será determinado pela forma como os seres humanos interagem com a IA (e como a inteligência humana é combinada com a artificial) nos leva a pensar que a IA está realmente criando uma república. O Oxford Dictionary define "república" como "um Estado no qual o poder supremo pertence ao povo e seus representantes eleitos, e que tem um presidente eleito ou nomeado, ao invés de um monarca"[16] [tradução livre]. Embora estejamos menos preocupados com a segunda parte da definição, acreditamos firmemente que, com o aumento da automação inteligente, o poder de moldar o futuro está na construção da ponte entre pessoas e IA. Se ela representará uma força do bem ou do mal realmente depende do quanto entendemos e como usamos as tecnologias de IA. Para nós, agora é o momento de buscar e aprofundar essa compreensão.

Este livro foi escrito com base nisso. Tentamos abordar o enorme potencial transformador da IA para empresas e sociedades e elucidar a realidade do que essas tecnologias podem fazer no presente e no futuro. Explicamos os diferentes jargões e terminologias usados para falar sobre IA e discutimos mais profundamente as amplas implicações de sua crescente presença em nossas vidas.

Existem hoje muitos debates sobre como conciliar as habilidades dos seres humanos com as das máquinas. Embora esta seja uma conversa importante, não é o propósito deste livro. Aqui desviaremos das questões morais e filosóficas que cercam a IA, deixando-as para outros enfrentarem. Em vez disso, gostaríamos de explicar o contexto dessas conversas. Discutiremos o legado histórico das tecnologias de IA, algumas das quais já existem há muitos anos, e falaremos dos gatilhos que as aceleram em capacidade e uso. Gostaríamos de ajudar as pessoas a reconhecer como e por que elas poderiam empregar a IA em sua própria organização, cidade ou país. Com base em nossas experiências na Nexus FrontierTech, ajudando nossos clientes a integrar a IA em suas funções comerciais, sugeriremos algumas ideias de como as empresas podem começar a introduzir a IA em suas rotinas.

A IA não é a resposta para todos os nossos problemas. Há muitas situações em que empregá-la pode ser prejudicial a um negócio. O objetivo não é simplesmente substituir o velho pelo novo, mas analisar como a IA pode ajudar a avançar a trajetória de seus produtos ou serviços. É uma questão de descobrir quais coisas as máquinas podem fazer melhor.

Na última parte do livro analisaremos o que os governos podem e devem fazer para tirar proveito dessa tecnologia e os possíveis efeitos disso. Considerando que os três autores que vos escrevem têm filhos, acreditamos que seja um exercício válido examinar como os pais podem ajudar a preparar as próximas gerações para se inserir na economia do futuro.

A IA está em constante evolução, e a sociedade está sendo forçada a evoluir junto a ela. A pergunta mais importante a se fazer enquanto você lê o livro é esta: o que você deve fazer hoje para se preparar para o mundo de amanhã?

PARTE I

O QUE É IA?

CAPÍTULO 1

INTELIGÊNCIA ARTIFICIAL: AMIGA OU INIMIGA?

É muito importante desmistificar a IA, particularmente se quisermos aprofundar nossa compreensão de como a tecnologia funciona e descobrir o que podemos fazer com ela. Se você estivesse entrando em uma parceria comercial contínua com alguém, iria querer aprender o máximo possível sobre aquele parceiro em potencial. O mesmo pode ser dito aqui: saber o que é IA e do que ela realmente é capaz é o primeiro passo para a construção de uma colaboração benéfica.

No entanto, até agora, parece que a IA adquiriu uma reputação negativa, e muitas pessoas estão assustadas com a mera ideia do que seria "inteligência artificial". Alguns a veem como uma ameaçadora vilã de ficção científica, destinada a destruir a humanidade. Outros a veem como uma espécie de bicho-papão econômico, prestes a roubar o emprego do cidadão comum, trabalhador e honesto.

Embora esses medos estejam enraizados na realidade, é seguro afirmar que a IA não é uma ameaça iminente para a humanidade. Isso porque não há inteligência real em máquinas que utilizam IA. Elas são simplesmente versões mais inteligentes de ferramentas burras. Não são capazes de pensar de forma complexa, muito menos de escravizar a humanidade.

O fato de que a IA é apenas uma ferramenta nova e engenhosa nos leva a encarar a tecnologia como um potencial impulsionador de novas oportunidades econômicas. Vemos a IA, quando plenamente desenvolvida e aplicada, como um farol para a criação de empregos que ainda nem sequer existem. Embora possamos perder algumas ocupações no processo, elas podem ser substituídas por novas e diferentes posições que trabalham em conjunto com as máquinas. É claro que, nesse caso, certos segmentos da sociedade obterão enormes ganhos, enquanto outros, inevitavelmente, terão perdas.

Uma comparação simples seria a evolução da internet e seu efeito sobre a economia. Pergunte a qualquer pessoa na rua se a internet criou oportunidades de trabalho, e você ouvirá um retumbante "sim". Embora tenha alterado o cenário econômico de inúmeras maneiras, incluindo a perda de empregos (como os "computadores humanos"* da NASA antes da chegada dos *mainframes*) e a retração de indústrias (como o segmento de agências de viagem), temos muitos exemplos claros de novas funções que surgiram e que giram completamente em torno da internet. A IA provavelmente seguirá um caminho semelhante à medida que se incorporar mais às nossas vidas.

A conversa em torno dos empregos roubados pela IA é normalmente carregada de emoção e não nos leva a um lugar produtivo. Embora a preocupação possa ser válida, a solução não reside em limitar o desenvolvimento da IA. A verdadeira pergunta que precisamos fazer é

---

*. Pessoas que eram contratadas pela agência espacial norte-americana, em sua maioria, mulheres, para fazer manualmente os cálculos matemáticos. [N.E.]

a seguinte: como garantir que a tecnologia que está sendo desenvolvida atualmente nos impulsionará para novas carreiras que ainda não existem?

IA-FOBIA

Em 31 de julho de 2017, houve uma série de notícias de que o Facebook tinha decidido desativar um conjunto de *chatbots* movidos por IA, que tinham começado a conversar uns com os outros em um código estranho que só eles entendiam. Dois *chatbots* foram programados pelo Facebook para negociar uma questão comercial entre si, mas rapidamente começaram a se comunicar com frases incompreensíveis para os humanos. O diálogo entre as duas máquinas foi assim:**

Bob: eu posso eu eu tudo mais...

Alice: bolas têm zero para mim para mim para mim para mim para mim para mim para mim para mim para

Bob: você eu tudo mais...

Alice: bolas têm uma bola para mim para mim para mim para mim para mim para mim para mim

Bob: eu eu posso eu eu eu todo o resto...
Alice: bolas têm uma bola para mim para mim para mim para mim para mim para mim para mim

Bob: eu...
Alice: bolas têm zero para mim para mim para mim para mim para mim para mim para mim para mim para

Bob: você eu eu eu eu eu tudo mais...

**. Adaptado para o português brasileiro. [N.E.]

Alice: bolas têm 0 para mim para mim para mim para mim para mim para mim para mim para mim para

Bob: você eu eu eu tudo mais...
Alice: bolas têm zero para mim para mim para mim para mim para mim para mim para mim para mim para[17]

A interação foi tão irritante que a empresa acabou encerrando a experiência. No entanto, foi o suficiente para que a mídia, em uma tentativa de repercussão e *clickbait*, produzisse manchetes sensacionalistas descrevendo como os pesquisadores de IA do Facebook, "chocados" e "surpresos", foram forçados a matar os dois *bots* "assustadores".[18] Na realidade, mesmo que a gigante das redes sociais tenha de fato produzido *bots* que conversavam em frases distorcidas, eles nada tinham de alarmante ou surpreendente. Ninguém na empresa entrou em pânico, e nós também não deveríamos. Além da tagarelice incompreensível, os resultados da experiência foram considerados úteis e ela correu dentro do esperado. Não houve nada de assustador, chocante ou mesmo digno de nota. Foi apenas um experimento científico comum, em um dia comum. Desligar um *chatbot* quando ele deixa de mostrar um resultado razoável é tão sinistro quanto substituir uma lâmpada queimada.[19]

Esse ocorrido é um bom exemplo de como o medo da tecnologia autônoma está profundamente enraizado no ser humano. São as narrativas que ouvimos e às quais estamos expostos todo os dias, e que inadvertidamente constroem desconfiança em torno do verdadeiro papel da tecnologia. Como produto direto desse medo, filmes e séries de televisão estão repletos de exemplos de distopias tecnológicas: de *Eu, Robô* (2004) a *O Exterminador do Futuro* (1984). Essa tendência contém um pouco de cinismo sobre o futuro da humanidade, apoiada por uma poderosa mensagem negativa em torno do mal inerente aos robôs. Afinal, o alarmismo sempre foi comercialmente muito lucrativo em todas as indústrias.

Além de artigos apocalípticos publicados por alguns (aspirantes a) jornalistas, bem como títulos de livros que sugerem como sobreviver à

IA ou que essa tecnologia representa a invenção final dos seres humanos, não é difícil perceber por que tantas pessoas são tecnofóbicas. Jornalistas e autores também produziram a ideia generalizada de que a invenção da superinteligência artificial desencadeará mudanças insondáveis na civilização como a conhecemos.

AGI VERSUS ANI

Se 31 de julho de 2017, dia em que a experiência do Facebook foi encerrada, é, no fim das contas, uma data sem importância, verdadeiramente preocupante seria mesmo o dia 29 de agosto de 1997. Esse é o chamado "Dia do Juízo Final" na série de ficção científica *O Exterminador do Futuro*. Nesse dia, a inteligência artificial Skynet, ativada em 4 de agosto do mesmo ano, tornou-se autoconsciente às 2h14 da manhã e iniciou um ataque nuclear nos Estados Unidos, na Rússia e em outros lugares, matando três bilhões de pessoas. Os seres humanos, em pânico, tentaram desligá-la, mas em vão, passando assim a viver em um mundo dominado por máquinas, e a isso se sucederam vários filmes que arrecadaram milhões em bilheteria e uma série de TV. Culturalmente, a história entrou em nossa psique, de alguma forma incitando nosso medo de máquinas descontroladas e superinteligentes.

Nas últimas décadas, com as tecnologias se desenvolvendo em velocidade absurda, muitos de nós passamos a acreditar que chegará o momento do "Juízo Final", no qual homens e máquinas irão convergir. Popularizado pelo futurista Ray Kurzweil, o termo "singularidade tecnológica" ou simplesmente "singularidade" descreve a ideia de que o pensamento humano comum um dia será ultrapassado por máquinas artificialmente inteligentes.[20] Mas para entender por que a Skynet é um cenário improvável para o futuro próximo, você precisa entender um pouco mais sobre o ponto em que está a tecnologia da IA hoje.

Existem dois tipos diferentes de inteligência artificial: Inteligência Artificial Geral (*Artificial General Intelligence* — AGI) e Inteligência Artificial Estreita (*Artificial Narrow Intelligence* — ANI). A AGI também costuma ser descrita como "inteligência artificial forte", enquanto a ANI é "inteligência artificial fraca"[21]. Essas máquinas fazem os trabalhos que nós designamos para elas e nada mais.

A AGI é o tipo de IA que assusta as pessoas. Como a Skynet de *O Exterminador do Futuro*, ela é autoconsciente, com livre arbítrio e nenhuma prioridade imposta por seres humanos. Muitas pessoas automaticamente pensam em AGI quando ouvem falar da IA, particularmente quando leem histórias como a do Facebook. Esse tipo de IA ainda está muito, muito fora de alcance.

Algumas pessoas argumentariam que a AGI é o que acontece quando as máquinas podem determinar suas próprias metas ou buscar objetivos. Entretanto, só porque uma máquina consegue alcançar uma meta não significa que ela seja inteligente no sentido da AGI. Um míssil, por exemplo, pode cumprir seu objetivo de atingir um alvo. Consideramos os mísseis inteligentes? Na verdade, não. A maior parte das decisões por trás do lançamento de um míssil é feita por humanos. Eles determinam o alvo, decidem lançar ou não e pressionam o botão. O objetivo do míssil, nesse momento, é atingir o alvo. Isso não é AGI.

Portanto, é estranho quando figuras conhecidas alegam que estamos nos aproximando da verdadeira AGI. Por exemplo, foi Elon Musk quem disse: "Acho que devemos ter muito cuidado com a inteligência artificial. Se eu tivesse que dar um palpite sobre qual é a nossa maior ameaça existencial, provavelmente seria essa... com a inteligência artificial, estamos invocando o demônio. Em todas aquelas histórias em que há um cara, um pentagrama e água benta: ele tem certeza de que pode controlar o demônio. Não funciona assim."[22] O sentimento foi ecoado por Bill Gates quando ele disse: "Algumas décadas depois de sua criação e a inteligência artificial é forte o suficiente para ser uma preocupação. Eu concordo com Elon Musk e alguns outros sobre isso e não entendo por que algumas pessoas não estão preocupadas."[23] Até mesmo o falecido Stephen Hawking disse sinistramente que a IA poderia conjurar o fim da raça humana.[24] Musk depois afirmou que a IA poderia ser a causa "mais provável" de uma terceira guerra mundial[25] e que os robôs seriam capazes de fazer tudo melhor do que nós.[26]

Enquanto celebridades podem se dar ao luxo de declarações fantasiosas como essas, reles mortais como nós terão que conviver com a realidade. As pessoas que trabalham dia após dia no ramo da IA sabem que a realidade da IA está longe, muito longe desse ponto. Mesmo Gates recuou recentemente, dizendo que discordaria publicamente de Musk e que não havia necessidade de pânico sobre as ameaças da IA à existência humana.[27]

Um risco mais provável é que os humanos gerenciem mal essa tecnologia, não que a IA comece a mandar e desmandar em nós. Por exemplo, um governo que não consegue perceber o problema de substituir mão de obra por IA sem então criar novos empregos, ou governantes que não sejam capazes de articular um novo sistema tributário para taxar empresas que usam máquinas em vez de humanos, resultando na diminuição da receita tributária. Isso poderia ser prejudicial à sociedade, não porque as máquinas estão assumindo o controle, mas porque nossos líderes políticos não estão preparados para lidar com os desdobramentos da mudança econômica. Trata-se de uma má administração das próprias instituições, políticas e emoções, e não da tecnologia em si.

UMA ATMOSFERA DE MEDO

Após a Segunda Guerra Mundial, o sentimento condutor predominante entre a população dos Estados Unidos era de alegria ou otimismo. O aumento da taxa de natalidade ajudou a reconstruir uma sociedade dizimada, porque as pessoas finalmente acreditavam que o futuro seria bom. Após o fim da Guerra do Vietnã, uma coisa semelhante ocorreu, com uma atmosfera de recuperação e uma vontade compartilhada de construir novas bases. Esses estados de espírito coletivos orientam os sentimentos do público em relação a muitos eventos diferentes.

Infelizmente, a atmosfera atual é de raiva e medo. É possível observar isso pelas eleições conturbadas nos Estados Unidos, a saída do Reino Unido da União Europeia e os movimentos generalizados em direção ao populismo e ao nacionalismo. O humor global leva as sociedades a refletirem instantaneamente sobre as implicações negativas de tudo, não importa qual seja o assunto. Não é de admirar que nossos medos e sentimentos subjacentes sobre a tecnologia sejam sublimados em programas de televisão como *Black Mirror*. Como mencionado antes, as narrativas da mídia em torno da IA tendem a jogar de forma oportunista com as emoções da população em geral. Elas estão manipulando nosso temor do desconhecido para criar o que é agora, para a maioria das pessoas, a visão predominante da IA. Criar essas visões distópicas da tecnologia pode ser lucrativo para alguns, mas elas não são necessariamente desvinculadas de interesses particulares. Portanto, acreditamos que é nosso dever apresentar uma visão mais elevada e transparente das tecnologias de IA. Devemos desbancar essa publicidade negativa.

O QUARTO CHINÊS

Quando apresentamos seminários, gostamos de provocar as pessoas para ver se elas sabem a diferença entre Internet das Coisas, Big Data e IA. Sentimos que existe uma fronteira clara e que devemos dedicar tempo para ensinar as pessoas sobre essas diferenças. Compreender a tecnologia é fundamental para abandonar os preconceitos sobre suas capacidades ou implicações. No caso da IA, é necessário questionar quanta inteligência de fato existe dentro dela. Um dos melhores lugares para começar é o chamado experimento do quarto chinês, pensado pelo filósofo John Searle.[28]

Imagine o seguinte: você está sozinho em uma sala com nada mais que um dicionário de chinês traduzido para a sua língua nativa como companhia. Outras pessoas estão do lado de fora da sala, escrevendo uma redação em chinês. Depois, elas deslizam a redação através de uma fenda na parede. Quem está do lado de fora não tem a menor ideia do que está dentro da sala. Você começa a traduzir a redação do chinês para a sua língua.

Supondo que você consiga fazer uma boa tradução e a entregue de volta através da fenda, as pessoas do lado de fora devem considerar a sala como inteligente? Podemos dizer que a sala fala chinês? Pode ser tentador. Mas, quando todas as partes são expostas, a resposta é obviamente "não". O fato de você estar na sala e poder usar o dicionário para traduzir a redação é que foi útil. A sala em si não é inteligente.

Esse exercício mental mostra que, se pudermos criar um processo que imite a presença da inteligência de forma convincente, as pessoas acreditarão que ela está lá, mesmo que tecnicamente não esteja. Isso é essencialmente o que as tecnologias de IA de hoje fazem. Parece impressionante, mas a IA não entende as tarefas que está completando. Ela não entenderia o conteúdo das atividades empreendidas. Trata-se apenas de uma máquina extremamente eficiente que consegue realizar uma única tarefa no mais alto nível possível.

É por isso que o termo inteligência artificial é enganoso. "Inteligência" implica lógica, compreensão e autoconsciência, e sabemos que as máquinas não possuem nenhuma dessas habilidades. Se as pessoas puderem entender que, neste momento, a IA é meramente um incremento na eficiência, então haverá menos confusão e medo.

O QUE É A IA, ENTÃO?

Em muitos aspectos, deveríamos estar pensando em "artificialidade inteligente", e não em "inteligência artificial". Deveríamos tratar a IA como um assistente inteligente, algoritmo inteligente ou recurso inteligente, o que, por sua vez, daria uma aparência completamente diferente ao conceito.[29] A IA está aqui meramente para fornecer assistência, poder de computação e ajuda extra na gestão de ativos. É apenas uma versão mais perspicaz e mais eficiente de uma ferramenta burra, não uma ferramenta inteligente que por si só pode resolver os problemas que os humanos não conseguem.

As máquinas não conseguem pensar e não conseguem resolver os problemas por conta própria. Elas só podem responder a perguntas específicas. Pergunte a um computador como ele pode ajudar a aumentar a receita de seu negócio, e é pouco provável que você obtenha uma resposta útil. O problema é algo muito vago para que uma máquina possa gerar uma solução real.

O jogo de tabuleiro *Go* é supostamente o jogo mais estratégico que os humanos já inventaram. Quando um computador, o AlphaGo, venceu o campeão mundial humano em uma partida de *Go* em 2017, não foi porque era um jogador melhor ou porque tinha uma visão mais estratégica. O computador venceu porque podia, por si só, jogar o mesmo jogo repetidamente. Na verdade, sem precisar se apoiar em dados de partidas anteriores jogadas por humanos, o AlphaGo conseguiu remover as restrições do conhecimento humano. Em outras palavras, a máquina venceu por ser capaz de processar uma quantidade enorme de números. Só isso.

Como seres humanos, sempre fomos impulsionados a melhorar nossa própria percepção de desempenho, e a tecnologia é a maneira mais fácil de fazer isso. Muitas vezes usamos a tecnologia para nos ajudar com estimativas, como previsão do tempo e do tráfego. No passado, essas previsões dependiam completamente de cálculos e estimativas que exigiam trabalho intensivo. A taxa de exatidão também era quase sempre baixa. Com a melhoria do poder computacional, a disponibilidade de dados e a IA para nos ajudar a processar mais informações, conseguimos melhorar a precisão a um nível antes inatingível. A IA é, portanto, uma tecnologia poderosa que pode processar múltiplas variações e subconjuntos de informações de uma forma que as pessoas não necessariamente conseguem fazer, e é capaz de "aprender" com as informações fornecidas. Esse tipo de aprendizado é direcionado e projetado para alcançar maior precisão, dependendo do propósito da máquina.

Isso abriu muitas novas oportunidades. Se você pode prever o tempo com mais precisão, também pode prever coisas mais abstratas, como compras fraudulentas na internet? Claro, você pode prever fraudes se puder projetar um algoritmo para fazer as perguntas certas. É necessário partir de um modelo conceitual, transformar sua pergunta em programação de computador e depois executá-lo. Como a máquina pode aprender com diferentes iterações, as chances de ela descobrir autonomamente coisas que você talvez não tenha previsto aumentam. No entanto, é importante ter em mente que, não importa o que ela descubra, permanecerá dentro dos parâmetros estabelecidos para ela.

A máquina não vai parar de repente de procurar fraudes e desenvolver a capacidade de diagnosticar o câncer.

Seguindo essa lógica, é ingênuo pensar que as máquinas por si só serão capazes de consertar questões sociais de grande escala que afligem nossas sociedades. Em vez disso, precisamos imaginar como podemos empregar a IA de maneira bem focada, em muitos campos diferentes, como a política. Seria ótimo usar a IA para aumentar o interesse dos eleitores, prevenir fraudes eleitorais e prever mais certeiramente os resultados das pesquisas. Ao mesmo tempo, devemos estar cientes de que a IA também facilita a manipulação das intenções de voto.[30] O uso adequado da IA se resumirá a como decidimos empregá-la para fazer da sociedade um lugar melhor.

NÃO DEVEMOS TEMER O PROGRESSO

O telefone substituiu o telégrafo, a internet substituiu o telefone, e a tecnologia e a história continuam a caminhar de mãos dadas.

Como seres humanos, tememos aquilo que não compreendemos. Com isso, dificultamos nossa capacidade de tirar o máximo proveito das novas tecnologias. Precisamos, na verdade, lidar com a ignorância que alimenta esse medo. Ainda estão ensinando às crianças as mesmas coisas quando nós mesmos ainda éramos ensinados décadas atrás. Dessa forma, é difícil pensar fora dos padrões tradicionais para reinventarmos as coisas de maneira que nunca fizemos antes. Em vez disso, tentamos definir em que áreas permitiremos que a tecnologia habite.

Alguns dos desafios enfrentados diariamente em vários países poderiam ser resolvidos com mais facilidade se conseguíssemos integrar as habilidades humanas com capacidades de IA bem direcionadas. Tomemos como exemplo o sistema de crédito dos EUA. Esse modelo calcula a pontuação usando um padrão matemático que analisa os hábitos de gastos e a dívida atual de um indivíduo para tentar calcular a probabilidade de ele pagar um empréstimo. Será que esse sistema funciona? Na verdade, não. Ele simplifica a forma como administramos nosso dinheiro em um nível utópico. Basta viajar com a família por três semanas e perder o prazo de um pagamento para acabar com toda a sua pontuação de crédito.

O sistema poderia ser melhorado, por exemplo, se considerasse outros aspectos além dos poucos utilizados atualmente para calcular a pontuação de crédito, apoiado no que a tecnologia pode fazer melhor do que os seres humanos. Poderíamos, em algum momento, usar a pontuação de maneira melhor e mais equitativa. O mesmo poderia acontecer se o nível adequado de IA pudesse ser agregado aos serviços de saúde, às prescrições médicas ou mesmo à detecção de doenças graves. Nas áreas em que os humanos são confrontados por suas próprias limitações, a tecnologia, se devidamente integrada, pode superar esses obstáculos e nos impulsionar para o aperfeiçoamento de nossas soluções.

Quando se trata de reinventar essas questões críticas, a IA pode ajudar. Ela pode simplificar ou oferecer novas perspectivas que talvez não sejamos capazes de enxergar de outra forma.

É um fato que os bancos tendem a ganhar mais dinheiro quando as pessoas mais gastam do que economizam. Como consequência, essas instituições financeiras frequentemente estimulam seus clientes a gastar em vez de economizar, fornecendo linhas de crédito e incentivo ao empréstimo. A IA pode ajudar as pessoas a administrar melhor seu fluxo de caixa. Ela pode ajudar os consumidores a prever uma possível escassez de recursos e falta de dinheiro, a atingir metas financeiras e a discipliná-los para que saibam o quanto estão gastando todos os dias. A tecnologia pode contribuir para a correção da mentalidade distorcida dos consumidores e, assim, incentivar a economia.

Também podemos usar a IA para melhorar nossos sistemas padronizados de avaliação. É uma crença generalizada que o desempenho em provas e testes é indicativo de inteligência, mas sabemos que há muitos fatores, além do domínio de um conteúdo, que influenciam os resultados. As avaliações são tendenciosas para certas populações, como crianças de famílias monoparentais, que moram em bairros de baixa renda e crianças com deficiências ou déficit de atenção. As provas não são projetadas para compensar esses problemas, e o número de *outliers* (os pontos fora da curva) muitas vezes excede o que você encontraria em um modelo de distribuição normal.[31]

Apesar de uma prova não considerar todas essas possibilidades, a IA pode ser capaz de ajudar. Ela pode iluminar os pontos cegos e detectar distorções nos resultados dos testes. Não há muita diferença entre a detecção de fraude e a detecção de uma criança com necessidades especiais. A IA pode ajudar a identificar crianças que se beneficiariam de métodos alternativos de ensino. Poderíamos, então, combinar o ensino oferecido a essas crianças com suas necessidades e habilidades para melhorar sua jornada educacional, em vez de marginalizá-las e fazê-las se sentirem incapazes.

O mesmo poderia ser dito em relação aos professores. Há milhares de professores dedicados que se desdobram para ajudar crianças com necessidades especiais. Muitos desses professores são prejudicados em seus esforços por ter que seguir um sistema padronizado de avaliação. Se pudéssemos apoiá-los com o programa/algoritmo certo, conseguiríamos multiplicar seu potencial em vez de limitá-lo, como acontece atualmente. Sem essa intervenção tecnológica, continuaremos no caminho de gerar mais desigualdade e negar oportunidades dignas para as crianças.

FATO E FANTASIA

Muitos políticos gostam de defender a tecnologia como uma solução fácil para muitos problemas. No entanto, é importante conhecê-la o bastante para saber a diferença entre fato e fantasia.

Considere o desastre iminente conhecido como "Brexit"***. Os políticos pró-Brexit adoram dizer que instalações tecnológicas vão resolver todos os potenciais problemas alfandegários que o endurecimento de fronteiras poderia causar. Isso é, realmente, uma fantasia. Políticos não entendem de tecnologia e não têm por que usar esse argumento.

Embora a IA possa ajudar a identificar os problemas, ela não é uma panaceia. Uma coisa são problemas de engenharia e outra

***. Saída do Reino Unido da União Europeia. [N.E.]

completamente diferente são problemas sociais. A IA pode ajudar com os primeiros, mas não com os últimos. Apresentar uma solução de engenharia para um problema social não é a resposta. Sem resolver primeiro as questões sociais, a tecnologia não poderá fazer muito.

Vejamos o exemplo das escolas da Filadélfia. Muitos alunos daquela cidade tiveram um desempenho abaixo do esperado em testes padronizados, que foram baseados nos livros didáticos designados para o estado. As crianças que tiveram acesso direto aos livros se saíram muito melhor do que aquelas cujas escolas não tinham material didático suficiente para todos os estudantes. A sugestão feita, então, foi a formulação de um sistema digital que ajudaria a redistribuir os livros didáticos entre as instituições de ensino. Se a Escola A tivesse muitos livros de história e a Escola B não tivesse livros suficientes, a primeira poderia simplesmente enviar alguns para a segunda. Entretanto, isso demonstrou não ser prático, porque os dados não estavam disponíveis. Ninguém sabia onde estavam todos os livros de história, e o banco de dados raramente era atualizado. Os professores acabaram se responsabilizando pessoalmente por rastrear os livros, em uma postura proativa movida por pura boa vontade (boa vontade esta que reduzia muito quando eram obrigados a digitar os detalhes dos diferentes livros no sistema).

O resumo disso é que, se não houver planejamento para enfrentar as questões sociais envolvidas, nenhuma tecnologia vai melhorar a situação. Não podemos resolver problemas sociais com soluções de engenharia.

TRANSFORMAÇÃO ECONÔMICA, NÃO ANIQUILAÇÃO

Precisamos reestruturar o debate sobre IA para remover o enfoque que é dado à ideia de que as máquinas que vão roubar empregos e alocá-lo à noção de que as tecnologias serão fonte de criação de novos postos de trabalho.

Sim, à primeira vista, as previsões sobre possíveis demissões são assustadoras. Um estudo sugere que 45% das tarefas diárias atualmente realizadas por seres humanos poderiam ser automatizadas se as tendências atuais continuassem.[32] Em nosso livro anterior, mencionamos o caso do diretor financeiro de um banco de investimento. Ele recebeu a incumbência de reduzir sua equipe em 80%, pois aquelas tarefas poderiam ser feitas por tecnologias digitais "vendidas em qualquer esquina".[33] Um relatório de 2013 que é frequentemente citado aponta que 47% dos empregos nos EUA serão perdidos para a automação num futuro próximo.[34] No entanto, é um cenário improvável, haja vista que o número de pessoas empregadas nos EUA era de 125 milhões em 2017, o que significaria 59 milhões de desempregados.

Um estudo recente conduzido pela OCDE sugere que esses medos são um pouco exagerados. Ele constatou que apenas 14% dos empregos nos países da OCDE são "altamente automatizáveis", ou seja, sua probabilidade de automação é de 70% ou mais.[35] Nos últimos sessenta anos de automação, a maior parte das 270 ocupações examinadas nos EUA continuaram a existir, sendo apenas uma totalmente eliminada: os ascensoristas.[36]

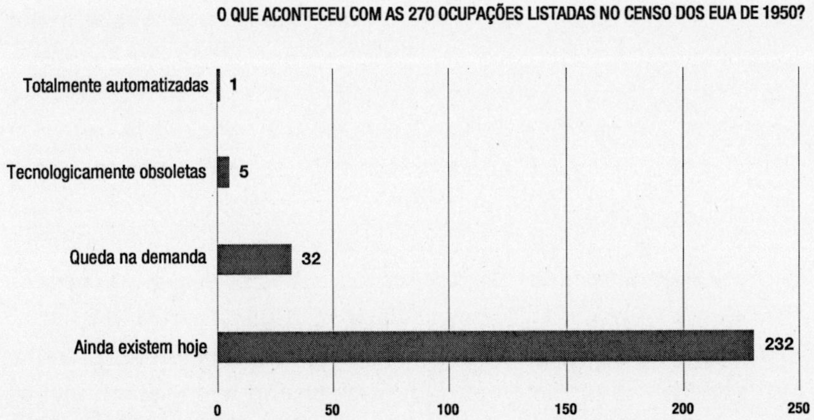

Figura 1: O que aconteceu com as 270 ocupações listadas no censo dos EUA de 1950?

O que está acontecendo? Os filmes de Hollywood podem ter dado algumas dicas. No filme *Amor eletrônico*, de 1957, todo o departamento de pesquisa de consumidores de uma empresa está prestes a ser substituído por uma calculadora gigante. É um alívio para a equipe, entretanto, quando eles descobrem que a máquina comete erros, e assim eles conseguem manter seus empregos, aprendendo a trabalhar junto com a calculadora. Avance para 2016, com o filme *Estrelas além do tempo*. Na história do filme, os "computadores humanos" da NASA estão prestes a ser substituídos pelo recém-introduzido *mainframe* da IBM. A heroína, Dorothy Vaughan, decide aprender por conta própria a linguagem de programação Fortran para poder estar no controle daquela novidade. Ela acaba liderando uma equipe para garantir que a tecnologia funcione de acordo com o planejado.

Essas não são meras fantasias inventadas por estúdios cinematográficos (e, de fato, *Estrelas além do tempo* conta uma história verdadeira). Embora a tecnologia possa fazer certas tarefas melhor do que os humanos, isso não significa que possa eliminá-los completamente do processo. Não é como o advento do motor a combustão, que substituiu as carruagens e os cavalos. Estamos abrindo espaço para que a tecnologia atue ao nosso lado. Sem dúvida, certos trabalhos, especialmente aqueles que envolvem ações repetitivas e rotineiras, podem sucumbir à automação para sempre, mas os trabalhos menos padronizados vão sobreviver. Talvez a automação de alguns aspectos inclusive os torne melhores. É por isso que, apesar de estimar-se que 47% dos empregos serão substituídos por máquinas, não significa, na verdade, que os 125 milhões de empregos nos EUA diminuirão para apenas 66 milhões. Como acadêmicos, tanto Terence como Mark lembram-se da chegada dos *Massive Open Online Courses* [Cursos On-line Abertos Massivos], ou MOOCs. Até pouco tempo atrás, acreditava-se amplamente que o surgimento de ferramentas digitais de ensino nos tornaria menos relevantes, até mesmo supérfluos, dando o pontapé inicial para o fim de nossas carreiras. Mas será que realmente vamos ver a tecnologia de IA substituir professores universitários? Não. Os cursos digitais não estão tirando empregos. Eles demonstraram que os professores podem se aprimorar com o uso de ferramentas digitais, expandindo a ideia do que é a função docente. Essas ferramentas são complementares, não substitutas.

Em última análise, é essa combinação de interações entre humanos e computadores que os especialistas defendem.[37] Os aspectos sociais são importantes na implantação de tecnologias. Além disso, certos trabalhos serão sempre realizados por seres humanos. O que pode ser surpreendente é que mesmo um trabalho que não requer nenhuma habilidade não desaparecerá tão cedo. As camareiras, por exemplo, muito provavelmente nunca serão substituídas. Humanos são bons demais, além de eficientes e baratos, em realizar a variedade de tarefas necessárias para limpar minuciosamente um quarto de hotel, de forma que máquina nenhuma poderia.[38]

A TEORIA "O-RING"

Em 28 de janeiro de 1986, o ônibus espacial Challenger explodiu 73 segundos após seu lançamento, matando todos os sete membros da tripulação a bordo. Muitas análises foram feitas depois para descobrir o que deu errado. A falha se resumiu a uma peça de borracha barata e aparentemente desimportante, chamada o-ring, uma junta destinada a impedir o vazamento de combustível de foguetes. Na noite anterior ao lançamento, o clima na Flórida estava excepcionalmente frio, o que provocou o congelamento e a rachadura do o-ring. No dia seguinte, o combustível vazou para as outras partes do motor e causou a explosão.

Esse desastre levou ao que agora é chamado de "teoria o-ring".[39] Essa teoria sugere que depender de máquinas torna as habilidades humanas *mais* importantes, não o contrário. Muitos de nossos projetos atuais, de missões espaciais à produção de bens e serviços, são compostos por uma série de etapas interligadas, como os elos de uma cadeia de eventos. Uma variedade de elementos entra nessas etapas para gerar o valor de uma atividade, incluindo trabalho e capital, cérebro e poder físico, novas ideias empolgantes e repetições chatas, domínio técnico e julgamento intuitivo, transpiração e inspiração, aderência a regras e uso do bom senso etc. No entanto, para que a atividade geral funcione como esperado, cada uma das etapas deve ser bem executada. Portanto, se houver apenas uma peça defeituosa na cadeia de eventos, todo o processo pode desmoronar. Cada elo deve fazer seu trabalho para que a cadeia seja completa, útil e criadora de valor. De fato, se quisermos tornar um passo ou elo específico mais robusto e confiável, estamos efetivamente melhorando o valor dos outros elos à medida que o valor de toda a cadeia cresce.[40]

Sob essa ótica, a automação não torna necessariamente o ser humano supérfluo. Não fundamentalmente, pelo menos. Ao invés disso, ela aumenta o valor do nosso conjunto de habilidades. À medida que a IA e os robôs emergem, nossa experiência, solução de problemas, julgamento e criatividade se tornam progressivamente mais importantes do que nunca. Um estudo recente com foco em uma empresa de tecnologia californiana ilustra esse ponto.[41] Apesar de a empresa fornecer um serviço baseado em tecnologia, ela se viu crescendo tão rápido, com sistemas de computação cada vez maiores e mais complexos, que estava constantemente buscando mais pessoas para monitorar, gerenciar e interpretar os dados. É um exemplo de como as tecnologias apenas tornam as habilidades humanas mais valiosas do que antes. Portanto, para que uma cadeia seja robusta, é preciso ter certeza de que um ser humano está fazendo o trabalho de supervisionar as máquinas. Mesmo que uma cadeia fosse 100% acionada e automatizada por máquinas, ela ainda exigiria que seres humanos a mantivessem funcionando. Em outras palavras, é preciso dar todo o valor à intervenção humana.

Não vamos descartar a importância dos seres humanos em nada. Qualquer cadeia ou processo que crie valor precisa de pessoas, e não é possível mudar esse fato. Para que as máquinas façam o melhor trabalho, os seres humanos precisarão fazer o trabalho mais importante: o de supervisionar.

"COBÓTICA" E COEXISTÊNCIA

Você lembra como as pessoas pensavam que o caixa eletrônico levaria a uma redução drástica de funcionários nos bancos? Havia muito medo em torno dessa noção que, em última análise, era infundada. No final, *mais* empregos foram criados no setor bancário *após* a introdução do caixa eletrônico.[42] Esse medo da obsolescência humana sempre existiu. Por essa razão, a conversa em torno da IA precisa ser orientada para a transformação dos empregos humanos, e não para o seu desaparecimento.

O que realmente estamos perdendo é o tédio inerente a determinados trabalhos. Pelo menos metade dos empregos que existem atualmente existia de forma semelhante há cem anos.[43] Quanto de seu trabalho é repetitivo? Se é muito, então é uma questão a ser discutida. O problema não é a tecnologia; é que estamos empregando pessoas em funções mal concebidas. A maioria dos postos de trabalho que estamos perdendo no momento são empregos em fábricas, que estão sendo terceirizados para pessoas no exterior por causa dos meios de produção mais baratos que outros países oferecem. Para que não haja mais prejuízos nesse sentido, a questão deveria ser: como criar empregos novos e mais bem projetados que coexistam com a tecnologia?

É aí que entram os "robôs colaborativos", ou simplesmente os "cobots". Esse termo, que está ganhando popularidade, foi cunhado para descrever o trabalho colaborativo entre humanos e robôs na busca de objetivos comuns. Anteriormente, as pessoas eram encarregadas de executar processos mecânicos repetitivos, que agora foram assumidos por máquinas. Nesse contexto, a função das pessoas passa a ser então programar ou supervisionar o andamento das coisas.

Pense no processo de fabricação de bens no futuro. Em algum momento, ele será totalmente automatizado. Os indivíduos que forem removidos desses cargos terão novos empregos, seja na administração ou na manutenção das máquinas.

Muita gente acredita que caminhões e carros autônomos representarão a próxima grande onda de extinção de trabalhos. Os desdobramentos de uma mudança desse porte são enormes em termos de design. Será necessário repensar as principais partes de nossa infraestrutura. Sim, alguns dos dois milhões de caminhoneiros de longa distância nos EUA podem perder a responsabilidade de dirigir caminhões reais, mas haverá muitos outros empregos e oportunidades que aparecerão quando redesenharmos toda a indústria. Por exemplo, as transportadoras devem encontrar maneiras de proteger as cargas em veículos não tripulados contra roubos, os caminhões ainda precisarão ser reabastecidos em viagens pelo país e os pneus terão que ser trocados às vezes, coisas impossíveis de serem feitas por caminhões autônomos. Sem a presença de motoristas, os trabalhadores de apoio desempenharão um papel vital para garantir que o veículo permaneça em condições de funcionamento, com manutenções constantes.[44] O problema, é claro, é treinar esses motoristas que, muitas vezes, possuem apenas um diploma de ensino médio e são a principal fonte de renda em seus contextos familiares.

Precisamos começar a pensar sobre quais aspectos de nossos trabalhos podem ser automatizados para nos tornarmos trabalhadores melhores e para que possamos ter tempo de fazer outras coisas. Da mesma forma que avanços como a internet e os caixas eletrônicos mudaram nosso mundo, a IA nos forçará a identificar com clareza as partes valiosas de nossas funções à medida que nos desfizermos das tarefas mais trabalhosas e menos glamorosas.

CAPÍTULO 2

A QUARTA REVOLUÇÃO INDUSTRIAL

A ascensão da IA a uma posição de destaque não aconteceu no vácuo. É simplesmente o prelúdio de um movimento histórico muito maior, conhecido como a Quarta Revolução Industrial, que é, em si, resultado de séculos de avanço tecnológico.

A premissa que fundamenta as várias revoluções industriais é que a evolução da tecnologia acontece de forma gradual. Ao longo da história, a cada vez que tivemos um grande avanço tecnológico, testemunhamos também melhorias em outras esferas relacionadas: na comunicação, no transporte e na energia. A Primeira Revolução Industrial foi mecânica: a invenção da máquina a vapor, a criação de fábricas e o aproveitamento da energia do carvão. A segunda foi científica: o aproveitamento da eletricidade e da produção em massa, o que levou à ascensão do consumismo. A terceira revolução se concentrou nos computadores, nas novas maneiras de processar e compartilhar informações e no surgimento da internet e da globalização.

Essas revoluções anteriores foram caracterizadas pelo isolamento. Um salto tecnológico inicial é dado em algum lugar e a isso se sucede uma adesão maciça pelo resto da sociedade. Os avanços acabaram se tornando tecnologia de uso geral, como coisas que agora nos parecem banais, como a eletricidade e a internet.

O que não deve ser ignorado, no entanto, são os muitos benefícios sociais que chegaram com cada revolução industrial. Quando os avanços em energia, comunicação, transporte e produção foram alcançados, os resultados foram salários melhores, queda significativa no preço de bens e serviços e aumento na qualidade de vida em geral.[45]

Houve um grande entusiasmo quando o Fórum Econômico Mundial anunciou a chegada da Quarta Revolução Industrial, em 2016. A declaração constatou, sobretudo, que o que estamos vivendo agora é fundamentalmente diferente de tudo o que vimos antes.[46] O quarto movimento está funcionando de forma um pouco diferente dos anteriores, ao mesmo tempo em que está acontecendo em paralelo com a Terceira Revolução Industrial. Ainda estamos desenvolvendo e melhorando computadores e sistemas digitais para compartilhar informações, mas, enquanto isso, os sistemas ciberfísicos estão irrompendo. Isso desequilibra a cronologia como a conhecemos, mas o potencial para benefícios sociais novos e imprevisíveis (além dos avanços sociais que alcançamos nas revoluções anteriores) provavelmente serão maiores do que nunca.

QUEBRANDO TODAS AS REGRAS

Nessa nova revolução, a tecnologia que está sendo desenvolvida não apenas rompe com nossas antigas formas de fazer as coisas, como também cria para a própria tecnologia maneiras inteiramente novas de existir. Portanto, a Quarta Revolução Industrial é mais uma revolução de base, na medida em que é fundamentada em tecnologias de base. Tais tecnologias tornam possível a criação de aplicações úteis que melhoram o progresso social e as atividades comerciais. Nessa linha, uma revolução de base estabelece os recursos tecnológicos para facilitar o desenvolvimento de novas invenções e descobertas para os mesmos fins.

Por exemplo, o advento das APIs (*Application Programming Interfaces* [Interface de Programação de Aplicação]) tornou possível a comunicação entre diferentes programas de internet e software móvel. Sem APIs, empresas como a Dropbox nunca existiriam. Também podemos reconhecer as APIs em ação quando pensamos em como o Google Maps pode ser integrado a outros sites e aplicativos móveis, bem como utilizado por conta própria. Ele pode ser incorporado a outros aplicativos por causa de uma API. Não há elogios o suficiente para a capacidade de um programador de usar essa tecnologia para integrar produtos de outras empresas em softwares diferentes, como o Google. A API do Google Maps ajudou milhares de organizações a fornecer direções e locais sem ter que projetar, criar e implementar seu próprio sistema de mapeamento, uma tarefa demorada e complexa. Isso, por sua vez, deixa os recursos de cada empresa livres para que elas possam se concentrar no desenvolvimento de outras inovações e ferramentas que ninguém criou ainda. Tão importante quanto é o fato de que, sem as APIs, teríamos uma experiência muito mais lenta e fragmentada em nossos navegadores de internet, desktops, telefones celulares e redes sociais. A produtividade global não seria tão grande em lugar nenhum como é hoje. São tecnologias como as APIs que ajudam a definir a Quarta Revolução Industrial como uma revolução de base.

A Lei de Moore foi criada por Gordon Moore, cofundador da Intel. A lei afirma que o desempenho tecnológico dobra sua capacidade a cada dois anos. Isso tem sido verdade há várias décadas, mas as tecnologias modernas estão começando a aumentar exponencialmente mais rápido do que o previsto pela Lei de Moore, e desafiam as crenças comuns sobre os avanços da tecnologia.[47]

Em vez de evoluir linearmente, essas tecnologias estão começando a convergir umas com as outras. Campos e modelos comerciais totalmente novos estão sendo criados a partir da combinação de elementos de diferentes tecnologias. A internet é um exemplo popular de uma tecnologia convergente. Enquanto vídeos eram vistos na televisão, a música era tocada no rádio (ou tocador de fita cassete, CD player ou mesmo um mp3 player) e poemas eram lidos em livros, agora essas atividades podem coexistir em um único lugar: on-line. No mundo físico, os smartphones têm sido uma tecnologia convergente há mais de uma década. Em um dispositivo portátil, você tem a funcionalidade de um computador de mesa, um sistema de jogos, uma câmera, um telefone, um mp3 player e muito mais.

Agora as tecnologias convergentes também estão começando a penetrar no mundo biológico, à medida que novos avanços literalmente transformam nossos corpos. Pense em medicina personalizada, sequenciamento genético ou edição de genes, por exemplo. As doenças podem agora ser tratadas com base em genótipos, e um dia podem se tornar totalmente evitáveis através da alteração do DNA (até o momento, a edição de genes não foi posta em prática por seus riscos à saúde e também pelo dilema ético). Os *wearables* [dispositivos vestíveis] são outra área de tecnologias convergentes que é projetada para o corpo humano. Os smartwatches podem monitorar o ritmo cardíaco e outros indicadores de saúde e, simultaneamente, marcar as horas. Outros artigos, como dispositivos de realidade virtual e realidade aumentada (VR e AR, respectivamente), podem ajudar vítimas de acidente vascular cerebral e outros pacientes a reeducar seus cérebros durante a reabilitação. Em locais de trabalho, os dispositivos de VR também podem ser usados para projetar processos de fabricação, melhorar a produtividade dos operadores e reduzir o tempo de treinamento de novos colaboradores.[48]

Como é de se esperar, algumas tecnologias robóticas estão começando a mudar os princípios do mercado de trabalho tradicional, e, quando alteramos nossas suposições históricas sobre o propósito do trabalho, desafiamos o próprio significado da vida humana. Com muitos aspectos do trabalho manual e intelectual sendo substituídos, como discutido no capítulo anterior, nós, como seres humanos, estamos sendo forçados a redefinir o que significa ser parte de uma força de trabalho e como o trabalho se encaixa em nosso propósito geral de vida.

A inteligência artificial, contudo, é a rainha das tecnologias convergentes. Ela incorpora muitas das várias tecnologias que estão atualmente na vanguarda da Quarta Revolução Industrial. Ela se beneficia do Big Data e ajuda a automatizar a tomada de decisões, além de se integrar à Internet das Coisas, tecnologia de base que funciona como uma plataforma para outras tecnologias — como, por exemplo, *near-field communications* (NFC [comunicação por campo de proximidade]) — se comunicarem entre si.[49] A relevância da IA na Internet das Coisas é sua capacidade de registrar dados à medida que são coletados, analisá-los e decidir se uma ação é necessária (como casos em que é preciso decidir se uma ambulância deve ser chamada ou se uma mensagem de alerta para um determinado usuário precisa ser enviada). Em fábricas, a IA também pode ajudar na produção física de impressão 3D com sua capacidade de iterar e aprender durante os ciclos de produção. Todas essas tecnologias reúnem os mundos tangível e intangível de uma maneira única, tendo a IA como facilitadora.

É aqui que reside realmente o poder da Quarta Revolução Industrial. Se os países e empresas adaptarem a IA para unir outras tecnologias e compreender as possíveis aplicações em causas sociais, podem começar a implantar a tecnologia em áreas como a saúde para economizar dinheiro e alcançar mais pessoas. As potenciais aplicações são infinitas.

Os desenvolvimentos da tecnologia de base da Quarta Revolução Industrial não estão acontecendo de maneira uniforme em escala global. Em alguns lugares, vários modelos industriais existem concomitantemente. Por exemplo, na Índia, o setor industrial é enorme, mas os sistemas de produção do país não são tão avançados como em muitas partes do mundo, e ainda apresentam muitos traços que consideramos marcas registradas da Segunda Revolução Industrial. No entanto, em outras áreas, como a Tecnologia da Informação (TI), a digitalização já entrou em cena, e o cenário se parece muito mais com o que tipicamente consideramos como a Terceira Revolução Industrial. Ao mesmo tempo, a Índia também tem seu próprio programa espacial, cuja tecnologia envolvida é tão avançada que se caracterizaria mais como pertencente à Quarta Revolução Industrial. Portanto, o país está avançando simultaneamente em diferentes momentos tecnológicos.

Em Ruanda, após a devastadora guerra civil, o país conseguiu saltar revoluções inteiras, digitalizando totalmente os processos e mergulhando diretamente na quarta. Da mesma forma, ex-repúblicas soviéticas, como a Estônia, que na verdade só passaram a existir após o colapso da URSS, experimentaram uma avalanche tecnológica muito rápida. Em países assim, é comum ver uma tecnologia digital, como o Skype, ultrapassar toda a indústria de telecomunicações antes mesmo que ela se desenvolva adequadamente. Essas sociedades estão quase em vantagem, porque não têm que lidar com a substituição de tecnologias ultrapassadas.

Em países que foram capazes de pular diretamente para a Quarta Revolução Industrial, vemos oportunidades intrigantes de novas fundações baseadas em tecnologia convergente. Os países da União Africana são um bom exemplo desse potencial. Como o continente não participou das primeiras revoluções industriais, não está refém de infraestruturas mais antigas e limitadas, como linhas telefônicas e cabos coaxiais. Embora a África ainda sofra o impacto da colonização e da escravidão, seus países podem saltar diretamente para a conectividade sem fio via satélite e redes móveis.

A África terá, coletivamente, uma das maiores forças de trabalho do mundo até 2030.[50] Com isso, seus países podem organizar facilmente uma revolução de base: nenhum vínculo com artefatos industriais, presença de tecnologias convergentes como IA e VR impulsionando a produção e a produtividade, e todos digitalmente conectados com acesso a dados e informações a um custo muito baixo. Dessa forma, contando com o apoio das tecnologias de base, a inovação e o empreendedorismo não estão muito longe de acontecer.

INOVAÇÃO SOCIALMENTE ORIENTADA

Como mencionamos no capítulo 1, a tecnologia não é uma panaceia para todos os problemas. Simplesmente podemos fazer as coisas mais rapidamente com sua ajuda. A maneira como escolhemos empregar essa tecnologia e as grandes políticas que criamos em torno dela é que causarão mudanças maciças na sociedade.

Além disso, os benefícios de fazer grandes mudanças na produção são por si só evidentes. Por exemplo, a substituição do carvão por gás foi uma escolha fácil, porque ele era mais eficiente, custava menos e podia ser distribuído mais facilmente. A internet facilitou muito a comunicação, diminuindo o tempo para recebermos uma resposta. As inovações da Quarta Revolução Industrial não apenas substituem uma tecnologia por outra mais poderosa: trata-se também da sua utilidade dentro das estruturas sociais. Por essa razão, a Quarta Revolução Industrial é mais socialmente orientada do que a anterior.

O aplicativo de transporte Uber é um bom exemplo. Ele conecta a oferta e a demanda entre passageiros e motoristas de forma mais eficiente do que os táxis, ao mesmo tempo em que produz vários benefícios sociais: mantém carros desnecessários fora da estrada, torna as viagens pela cidade mais baratas e acessíveis e cria uma fonte de renda para pessoas que, na Terceira Revolução, nunca imaginaram que poderiam usar seu próprio carro para pagar as contas.[51]

Um dos desdobramentos mais interessantes da Quarta Revolução Industrial é o surgimento de biomateriais avançados, chamados de química verde. A química verde permite a realização de ações ambientalmente positivas, como recolher gases de efeito estufa, como o dióxido de carbono, e convertê-los de produto residual a recurso utilizável. Por exemplo, os químicos encontraram uma maneira de utilizar o dióxido de carbono como produto para refrigeração industrial. Em ciclo transcrítico, ele pode ser utilizado para reduzir o impacto climático de um edifício em 15%, ao mesmo tempo em que substitui os clorofluorcarbonos e os hidrofluorcarbonos — gases de efeito estufa prejudiciais ao meio ambiente, atualmente utilizados para a refrigeração.

Além da química verde, podemos usar impressoras 3D para reproduzir pedaços de recifes de coral que foram destruídos por atividades humanas invasivas.[52] Podemos inserir fisicamente o subproduto dessa tecnologia no oceano, e ele substituirá os ambientes perdidos necessários para a biodiversidade marinha. Estamos usando a tecnologia para resolver questões de consciência social, como o fato de termos perdido 50% dos recifes de coral do oceano. A humanidade pode usar a tecnologia para reparar alguns dos danos que tecnologias anteriores causaram ao meio ambiente.

Ou então, pense no plástico. Há uma grande discussão no momento atual sobre não apenas substituir um plástico por outro, mas também usar plásticos menos nocivos e mais verdes. Uma ideia é usar bactérias para quebrar o plástico mais rapidamente.[53] Outras pesquisas envolvem o uso de dióxido de carbono e subprodutos vegetais (como as sobras da polpa do suco de cenoura) para fazer plástico.[54]

Há uma demanda social que é nossa responsabilidade: a de melhorar as práticas atuais de eliminação de resíduos para que possamos diminuir a poluição e, em última instância, melhorar nossa própria saúde (porque o peixe que comemos também consome o plástico que descartamos). Novas tecnologias podem nos ajudar a atingir esse objetivo e a melhorar o planeta de várias maneiras.

O poder da Quarta Revolução Industrial é que ela inspira essa demanda que sentimos de melhorar nossas vidas através do uso da tecnologia. Agora somos capazes de imprimir em 3D partes do corpo como órgãos, retinas e próteses de quadril. Por meio de sensores e estímulos para diferentes partes do corpo, estamos usando a Internet das Coisas (*Internet of Things* — IoT) para descobrir como o cérebro funciona.[55] Essa informação agora pode ser usada para ajudar pessoas que nasceram com paralisia. Ao implementar simultaneamente uma rede neural artificial com IA, robótica e IoT no corpo humano, a tecnologia da Quarta Revolução Industrial pode ajudar até mesmo pessoas que foram paralisadas por lesões na coluna vertebral a caminhar novamente.[56]

Esses avanços são fenomenais, não são? Precisamos começar a derrubar o mito de que a IA é inerentemente ruim de alguma forma e conduzir a conversa para os aspectos positivos da Quarta Revolução Industrial.

Também é importante ter em mente que só porque os princípios e conceitos mencionados anteriormente são centrados em causas sociais, não significa que temos que trocar benefícios econômicos por sociais. Essas causas também são lucrativas. Elas devem ser harmonizadas e conciliadas com vantagens financeiras e também ser parte do diálogo na esfera legislativa, para que os investidores possam ajudar a levar essas tecnologias adiante. É assim que curamos a sociedade das feridas que nos fazem sofrer atualmente.

O CRESCIMENTO DE UMA INFRAESTRUTURA INTELIGENTE

O Paradoxo de Moravec diz que existem certas funções de alto raciocínio que máquinas fazem muito mais rapidamente. Um exemplo disso é a matemática. No entanto, quando se trata de habilidades sensoriais de baixo nível, como identificar ou procurar coisas, seres humanos podem ser muito mais rápidos e eficazes. Parece ilógico para nós, mas, para a IA, o raciocínio de ordem elevada é mais fácil do que as habilidades sensoriais de baixo nível.[57]

Por exemplo, se eu colocasse você em uma sala e lhe pedisse para identificar as saídas, não demoraria muito tempo. Você poderia ver as portas e as janelas com bastante facilidade. Esse mesmo trabalho é muito mais difícil para um computador. Para realizar essa tarefa, ele precisaria escanear a sala e depois fazer os cálculos necessários para identificar quais aberturas são janelas e quais são portas.

Portanto, os computadores são melhores em fazer contas, mas os humanos são melhores na identificação de saídas. Entretanto, enquanto um ser humano invariavelmente sempre precisará de tempo e esforço para executar funções matemáticas superiores e complexas, um computador será capaz de melhorar seu desempenho, mesmo nas tarefas sensório-motoras. Com sensores suficientes, uma máquina pode ser tão rápida quanto uma pessoa, e os sensores estão se tornando cada vez mais acessíveis. Embora existam muitas coisas que as máquinas não podem fazer agora, com apenas alguns ajustes, elas conseguirão em breve. O resultado disso é que a tecnologia continuará a crescer e a se tornar progressivamente mais difundida em nossa vida cotidiana.

Isso, sem dúvida, é verdadeiro quando o assunto é infraestrutura inteligente. Esse nome se refere ao gerenciamento de cidades através do uso de IA. Na maioria dos casos, os sensores de IA podem coletar dados de forma mais rápida e completa do que os métodos tradicionais de análise, e as informações são então retransmitidas para a nuvem. Os planejadores urbanos e fornecedores de recursos de infraestrutura podem acessar esses dados para ajudar nas avaliações de manutenção e no planejamento. Por exemplo, quando se trata de tráfego urbano, a capacidade de monitorar com precisão quanto tempo leva para sair do ponto A e chegar ao ponto B ajuda os governantes a tomar decisões sobre opções de transporte público, tais como quando e onde adicionar novas linhas de ônibus.

Às vezes, o envolvimento humano não é sequer necessário. Com tecnologias de sensores integradas à infraestrutura e aos equipamentos de uma cidade, coisas como tráfego, tempo de viagem, segurança pública e uso de serviços públicos podem ser monitoradas rápida e facilmente. Por exemplo, semáforos adaptativos que são capazes de avaliar o tráfego em tempo real em um cruzamento ou uma rodovia específica podem ajustar o tempo das sinalizações a fim de ajudar o fluxo a se mover mais rapidamente. Na cidade de Bellevue, em Washington, os semáforos adaptativos diminuíram o tempo de viagem em uma via principal em 36% durante o horário de pico. Em outra rua movimentada, os tempos de viagem foram reduzidos em 43% entre duas e seis da tarde. De acordo com as autoridades municipais de Bellevue, o sistema de semáforos adaptativos economizou de seiscentas a oitocentas horas de viagem por ano.[58]

Da mesma forma, os leitores automáticos de placas tornam muito mais rápida a leitura de placas para detectar veículos roubados e carteiras de motorista vencidas. Eles também podem alertar as autoridades policiais se localizarem a placa de um veículo ligado a alguém que tem um mandado de prisão. Além do controle de tráfego e segurança, a infraestrutura inteligente se estende aos serviços públicos.

Quando se trata do uso de água, medidores inteligentes ajudam a gerenciar recursos e podem identificar vazamentos, comparando dados coletados ao longo do tempo sobre o consumo e períodos de pico de uso. Resumidamente, uma *smart grid* [rede elétrica inteligente] é uma versão digitalizada da rede elétrica que faz a comunicação entre uma empresa de serviços públicos e seus clientes. A *smart grid* possui sensores ao longo das linhas de transmissão e responde automaticamente às mudanças na demanda por eletricidade. Essas redes tornam a distribuição de energia mais eficiente e confiável. Os custos operacionais são reduzidos para as concessionárias de energia, o que, em última instância, diminui a tarifa para os clientes, e durante as interrupções e falhas nos equipamentos, as redes inteligentes podem redirecionar automaticamente a energia para que ela volte rapidamente. A tecnologia de IA em uma infraestrutura inteligente traz incontáveis benefícios e melhora nossa vida como um todo. Não há nada a temer.

Para recursos adicionais possibilitados por uma *smart grid*, veja a Figura 2.

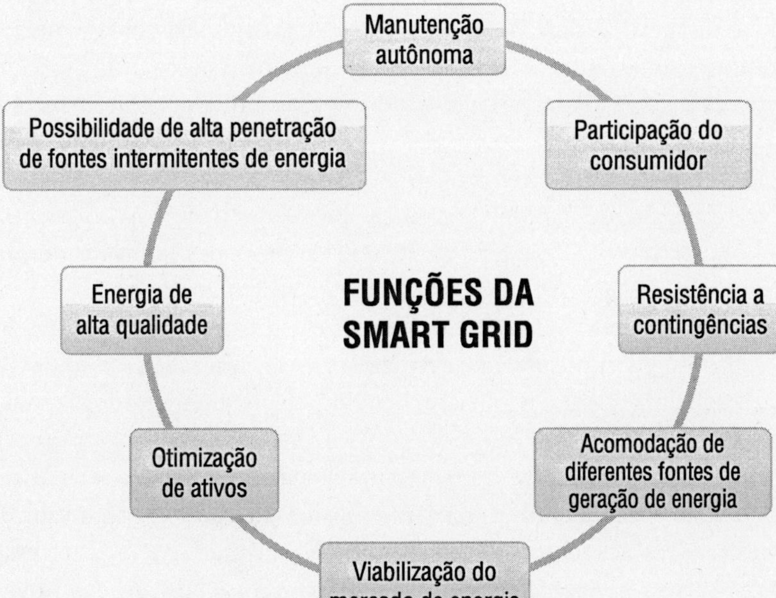

Figura 2: Funções da *smart grid*

RUMO À QUINTA REVOLUÇÃO INDUSTRIAL (E ALÉM)

A Quarta Revolução Industrial não é uma simples condição para a quinta ou a sexta, pois a progressão não depende da numeração sequencial. A economia opera em uma lógica que reconhece os momentos históricos singulares em que ocorrem mudanças rápidas e convergentes. Nesse sentido, é desnecessário nomear esta como a Quarta Revolução Industrial. Poderíamos simplesmente chamar a era atual de Paradigma da Tecnologia Convergente ou mesmo O Novo Paradigma. Mas há certo poder em identificar as revoluções com números, como temos feito há séculos, e é por esse motivo que continuamos a fazê-lo.

As duas primeiras revoluções envolveram o que chamamos de tecnologias de uso geral (*General Purpose Technologies* — GPT): vapor, eletricidade, combustão e encanamento. Com o tempo, elas deixaram de funcionar como tecnologias e se tornaram a infraestrutura básica da sociedade. Depois, a Terceira Revolução Industrial nos trouxe a computação e a internet, que estão rapidamente se tornando parte do que consideramos tecnologias de uso geral. Em algum momento, à medida que a Quarta Revolução Industrial for ganhando mais tração, tecnologias como impressão 3D, IoT, e IA também se tornarão GPT, irrevogavelmente integradas a nossa sociedade.

A próxima revolução certamente será chamada de Quinta Revolução Industrial, mesmo que, como a quarta, não seja uma revolução técnica. Essa revolução também será definida pelo que a tecnologia pode alcançar e como esta continuará a se entrosar com a humanidade. A questão é descobrir se o salto será sequencial ou consequente do lugar onde estamos agora.

Essas revoluções se convertem em aspectos fundamentais da sociedade como a conhecemos, até mesmo alterando nossos valores e propósitos como seres humanos. Podemos ajudar a facilitar essa transição ao preparar o setor financeiro para a adoção das novas tecnologias. Quando direcionamos o foco da conversa para o setor financeiro, as pessoas começam a se interessar pelas novas oportunidades de investimento. Por essa razão, também é necessário ampliar a compreensão de que o retorno do investimento em novas tecnologias não é linear. Precisamos pressionar as partes interessadas a expandir seus horizontes um pouco mais para que possam ver os benefícios de seu investimento em uma escala mais ampla.

Governos de todo o mundo — tanto dos países industrializados como dos países em desenvolvimento — que tomarem essas iniciativas ganharão uma vantagem econômica e servirão de exemplo para outros governos. Ao mesmo tempo, os líderes governamentais precisarão repensar seu papel na sociedade à medida que a tecnologia mudar a ordem social, incluindo refletir sobre qual rumo o mercado de trabalho tomará no futuro.

Se não expandirmos nossas ideias sobre os futuros avanços tecnológicos, estaremos limitados a um uso transacional da tecnologia, apenas para aumentar a produtividade. Ficaremos presos a um paradigma redundante de tecnologia por tecnologia, em vez de investir em uma redefinição voltada para as demandas sociais e a essência do mercado de trabalho e dos empregos. Podemos e devemos fazer muito mais.

PARTE II

O PAPEL DA IA NO MUNDO DOS NEGÓCIOS

CAPÍTULO 3

TECNOLOGIAS ATUAIS DA IA

Como dizem, é melhor começar pelo começo. A IA passou por muita coisa na segunda metade da última década. Ela já existe há bastante tempo. No entanto, sua evolução e desenvolvimento têm sido, por si só, uma jornada fascinante.

Em 1955, um jovem professor assistente chamado John McCarthy cunhou o termo "inteligência artificial" e organizou a famosa Conferência de Dartmouth, que, para muitas pessoas, marcou o início da IA como um campo de estudo. Desde então, dois métodos diferentes têm sido empregados para a criação de inteligência baseada em computador.[59]

IA BASEADA EM REGRAS

O primeiro é semelhante ao método através do qual muitos adultos aprendem uma língua estrangeira: memorizando regras gramaticais. O mesmo conceito se aplica aqui. As primeiras máquinas de IA operavam com base em uma série de regras ditadas por programadores. As máquinas tentam abstrair a experiência humana em árvores de decisão construídas sobre regras explícitas de "se... então". Isso permite que uma máquina execute tarefas complexas, como jogar damas ou traduzir textos. De fato, essa abordagem baseada na lógica foi tão promissora inicialmente que a crença da época era de que as máquinas dominariam os anos vindouros.

No entanto, essa primeira tentativa de construção de IA acabou por revelar falhas. Vamos usar um dos exemplos mais comumente citados para explicar o porquê. Funciona assim: a seguinte frase foi traduzida para o russo, e o resultado, então, foi traduzido de volta para o inglês.[60]

> O espírito está disposto, mas a carne é fraca. → O uísque é forte, mas a carne é podre.*

Apesar de o resultado traduzido ser semelhante ao original e as palavras terem sido traduzidas corretamente, a máquina trouxe um sentido completamente errado. Essa tentativa fracassada revelou que um sistema baseado em regras para a construção de IA tinha, pelo menos, dois grandes problemas.

O primeiro problema é que há simplesmente regras demais no mundo, e conhecer e seguir a maioria delas não é o bastante. De fato, um sistema precisaria acertar todas as regras para ter um bom desempenho. Assim como na aprendizagem de uma nova língua, acertar apenas 80% da gramática não será suficiente em muitas situações da vida.

Um outro obstáculo é que existem muitas "sub-regras", ou regras dentro de regras. Se em inglês dois negativos fazem um positivo, diante

---

*. Adaptado para o português brasileiro. No original: *The spirit is willing, but the flesh is weak.* → *The whiskey is strong, but the meat is rotten.* [N.E.]

da frase "*don't tell nobody*" [não conte a ninguém], você espalharia o segredo ou não? Se alguém disser: "*I couldn't care less*" [eu não poderia me importar menos], isso significa que esse alguém se importa? E dois positivos na mesma frase constituiriam uma negativa? Não? Mas as pessoas usam "*Yeah, right*" [ah, tá] para expressar descrença. As sutilezas dessas regras dentro de outras regras tornam impossível para as máquinas alcançar a verdadeira inteligência.

Nenhum sistema digital pode incorporar regras suficientes para entender completamente como o mundo funciona. Isso nos leva ao segundo problema, potencialmente incontornável, que está relacionado ao chamado Paradoxo de Polanyi — resumidamente, sabemos mais do que conseguimos explicar. Tomemos como exemplo aprender a andar de bicicleta. Leia a seguir instruções sobre como fazê-lo:

> Quando começar a cair para a direita, vire o guidão para a direita, de modo que a direção da bicicleta seja desviada ao longo de uma curva para a direita. Isso resulta em uma força centrífuga que empurra o ciclista para a esquerda e compensa a força gravitacional que o puxa para a direita... Uma análise simples mostra que, para um determinado ângulo de desequilíbrio, a curvatura de cada desvio é inversamente proporcional ao quadrado da velocidade do ciclista.[61]

Será difícil encontrar uma descrição mais precisa. Mas será que isso diz exatamente a alguém como se anda de bicicleta? Claro que não, pois há muitos outros fatores que precisam ser levados em consideração, mas que foram deixados de fora na formulação dessas instruções. O conhecimento tácito necessário para andar de bicicleta não pode ser expresso por palavras ou regras e transmitido a outros.

O mesmo problema se aplica à IA: se muitas das tarefas que realizamos dependem de conhecimento tácito e intuitivo, como podemos codificar as regras? Em outras palavras, se os próprios seres humanos não sabem explicar as regras para realizar algo, então, como seria possível criar um sistema baseado em regras para que qualquer computador executasse a mesma operação?[62] Considere a possibilidade de uma máquina identificar a imagem de uma pessoa ou uma caligrafia. Se os próprios seres humanos não conseguirem descrever de forma explícita as características das imagens, será difícil, talvez impossível, expressá-las em códigos executáveis para a máquina.

Embora a IA baseada em regras tenha tido um começo promissor, essas questões sobre a programação paralisaram o desenvolvimento de sistemas mais complexos. Isso levou ao que é conhecido como o inverno da IA, um período de interesse reduzido e de pouco financiamento. Nos anos 1980, a IA foi em grande parte abandonada pelos desenvolvedores porque era impossível alcançar as expectativas para essa tecnologia.

PROBABILÍSTICO VERSUS DETERMINÍSTICO

Para que a IA tivesse um futuro, era necessária uma abordagem diferente. É essa a alternativa que se sobressai na área da IA hoje: uma aproximação rudimentar do modo orgânico como o cérebro humano processa informações.

Para entender como isso funciona, considere novamente a aprendizagem de idiomas. Conforme mencionado anteriormente, a maioria dos adultos aprende uma nova língua memorizando todas as regras, tempos verbais e conjugações. Esse processo pode ser muito tedioso e complicado, e pode ser muito árduo para um adulto de fato alcançar a verdadeira fluência em uma língua estrangeira.

As crianças, por outro lado, têm uma abordagem muito diferente: aprendem de forma imersiva por tentativa e erro. Elas ouvem outras pessoas falarem e imitam. Quando cometem um erro, um adulto as corrige gentilmente. As crianças não se importam com regras gramaticais; elas nem compreendem o que são. Gradualmente, elas desenvolvem fluência espontânea, geralmente a um nível muito mais alto do que o dos adultos que fazem cursos de idiomas.

Embora possamos traçar paralelos entre a abordagem *determinística* baseada em regras mencionada anteriormente e a forma como um adulto aprende uma língua nova, a IA atual funciona muito mais estreitamente próxima da forma como as crianças desenvolvem suas habilidades linguísticas. A IA aprende tomando o que viu no passado e fazendo o seu melhor para adivinhar a resposta certa. Quando os humanos dizem às máquinas "você está certa" ou "você está errada" com suficiente frequência, a precisão da IA melhora significativamente. Em outras palavras, com o tempo, as máquinas gradualmente se aprimoram na probabilidade de escolher respostas corretas.

Por exemplo, digamos que queremos ensinar uma máquina a identificar com sucesso fotos de cães. Usando a velha abordagem, nós lhe daríamos uma lista de regras: cães têm rabos, andam sobre quatro patas etc. Para que isso funcionasse, precisaríamos descrever todas as características de todos os cães. Mas, considerando a grande variedade de cães que existem, seria difícil discernir e definir todas as sutilezas e exceções englobadas no conceito de "cão". Seria um exercício exaustivo e ineficaz.

Na abordagem probabilística, simplesmente mostraríamos as imagens à máquina, que começaria a adivinhar se a imagem é um cão ou não. Se estiver certa, confirmamos que ela acertou; se estiver errada, sinalizamos o erro. Com base nesses resultados, a máquina muda os parâmetros que usa para maximizar a probabilidade de suas previsões serem verdadeiras ou para minimizar a margem de erro e aumentar as chances de alcançar resultados positivos. É essencialmente uma máquina de previsão[63] que adotou uma abordagem probabilística ao invés de determinística.[64]

Ao entender a IA dessa forma, podemos ver o porquê de "inteligência" ser uma nomenclatura equivocada. Tendo em vista o cenário político mundial, podemos afirmar com bastante certeza que existe estupidez natural. Mas certamente não há inteligência na "inteligência artificial".

APRENDENDO A APRENDER

Em 1959, Arthur Samuel definiu aprendizagem de máquina (*machine learning*) como o "campo de estudo que dá aos computadores a capacidade de aprender sem terem sido explicitamente programados".[65] Isso envolve métodos computacionais que usam a experiência para o aprimoramento da performance e da precisão das previsões. A experiência, nesse caso, refere-se a informações ou dados passados que estão disponíveis, rotulados e classificados. Como em qualquer exercício computacional, a qualidade e o tamanho dos dados serão cruciais para a precisão das previsões que serão feitas.

Olhando desse ponto de vista, a aprendizagem de máquina se assemelha com modelos estatísticos. No entanto, em modelos estatísticos, primeiro selecionamos um modelo, depois coletamos dados e, em seguida, passamos pelo processo cuidadoso de limpeza (removendo espaços em branco e substituindo, modificando ou excluindo quaisquer partes incompletas, incorretas ou irrelevantes dos dados). Feito isso, esse conjunto de dados limpos é usado como entrada para testar hipóteses e fazer previsões. Na prática, programamos o algoritmo para executar certas funções com base nos dados que lhe fornecemos. Dito de outra forma, o algoritmo é estático. Ele precisa de um programador que lhe diga o que fazer quando recebe os dados.

Para a aprendizagem de máquina, o procedimento é invertido. Em vez de préselecionar um modelo e depois fornecer os dados, nesse caso, são os dados que determinam qual técnica analítica deve ser selecionada para a melhor execução da tarefa em questão. Em outras palavras, o computador utiliza os dados para selecionar e, consequentemente, treinar o algoritmo. Dessa forma, o algoritmo não é mais estático. Conforme a máquina é exposta aos dados, ela os analisa, toma uma decisão e depois a executa com base no que determina ser o melhor plano de ação. Em essência, ela "aprende" com os dados e, ao fazer isso, pode extrair informações.

Esse método de aprendizagem é baseado na repetição (ou seja, "treinamento") usando um algoritmo. O termo "algoritmo" pode parecer complexo, mas nada mais é do que um conjunto de instruções dado a um computador para transformar uma entrada em uma determinada saída. Assim, em aprendizagem de máquina, o processo de *aprender* consiste em nada mais que um algoritmo que repete sua operação e faz pequenos ajustes a cada vez que é rodado, até que um conjunto estipulado de condições seja atendido. O teste decisivo de um algoritmo de aprendizagem é quando os resultados finais não mudam, não importa quantas vezes ele seja passado sobre os dados. Também é importante observar que não há aprendizado real — as máquinas treinadas estão meramente tentando adivinhar as respostas corretas com crescente precisão.

TIPOS DE APRENDIZAGEM DE MÁQUINA

Em termos gerais, há três tipos de aprendizagem de máquina: supervisionada, não supervisionada e aprendizagem por reforço.

A maneira mais rápida de entender o termo *aprendizagem supervisionada* é saber que essa configuração algorítmica é orientada pela tarefa, no sentido de que você deve saber o que está procurando. Dessa forma, é possível rotular os dados para treinar o computador. Em outras palavras, os dados já estão marcados com o rótulo correto ou com o resultado correto. Por exemplo, se ensinarmos um computador a identificar cães, então marcaremos a foto de um cão como "cão" e a foto de um ser que não é cão como "não cão". Esse processo de rotulagem deve ser feito pelo programador. Depois de ter aprendido a diferença, o algoritmo pode classificar novas informações que lhe são dadas e determinar se as novas imagens que está vendo são ou não de um cão.

Essa abordagem pode ser usada para ler figuras e alfabetos escritos à mão. Europeus não britânicos e norte-americanos escrevem o número "1" e a letra "A" de formas diferentes, como mostrado na Figura 3. De fato, mesmo entre os europeus, o número é muitas vezes escrito de várias maneiras. Ao alimentar o computador com grandes quantidades de exemplos rotulados, é possível treinar o algoritmo para entender a variedade das figuras. O computador começa a aprender as variações e se torna cada vez mais competente para compreender os padrões. Hoje, os computadores são melhores do que os humanos em reconhecer padrões de caligrafia. Quanto maior o conjunto de dados, mais bem treinado é o algoritmo. Uma vez treinado, o algoritmo recebe novos dados e usa sua experiência para prever um resultado.

Uma última observação importante: embora os computadores possam identificar corretamente imagens e personagens, eles não têm noção do que é um "cão", um número "1" ou uma letra "A". Igualmente importante, pelo menos por ora, é lembrar que ainda que as máquinas possam fazer um bom trabalho para identificar o que lhes é dito para procurar, elas são incapazes de reconhecer o que não é rotulado. Portanto, as mesmas máquinas não conseguem identificar um "gato", um número “2” ou a letra “B”. Tudo o que a IA pode fazer é entregar o resultado de “cão” ou “não cão”, “1” ou “não 1” e assim por diante.

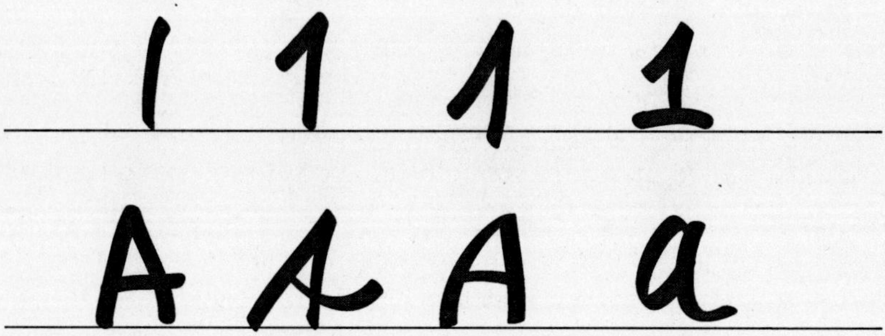

Figura 3: Variações de escrita do número “1” e da letra “A”

Uma aplicação comum de aprendizagem supervisionada nos dias de hoje é o treinamento de máquinas para identificar fraudes de cartão de crédito. Um exemplo aconteceu com Terence, durante um Natal. Ele acordou pela manhã e encontrou uma mensagem da operadora do seu cartão de crédito informando que uma transação de duzentas libras havia sido efetuada no dia anterior por meio de um sistema de pagamento on-line, do qual ele nunca havia ouvido falar. Uma máquina identificou a cobrança como possível fraude e a sinalizou para uma inspeção mais detalhada. Esse tipo de sistema compõe hoje grande parte das aplicações de IA.

Em contrapartida, *aprendizagem não supervisionada* é o método orientado por dados em que você não sabe o que está procurando e deixa a máquina tentar descobrir alguma coisa. Ele é usado frequentemente para fazer conexões que os programadores humanos não são capazes de enxergar à primeira vista.

Nessa abordagem, o algoritmo é treinado a partir de um conjunto de dados que não possui nenhum rótulo. O algoritmo não é informado sobre o que os dados representam. Nesse caso, a máquina usa métodos de estimativa baseados em estatísticas inferenciais para descobrir padrões, relações e correlações entre os dados brutos e não rotulados do conjunto. Conforme os padrões são identificados, o algoritmo usa estatísticas para reconhecer os limites dentro do grupo. Dados com padrões semelhantes são então agrupados, criando subconjuntos. O processo de classificação continua e o algoritmo começa a compreender o conjunto de dados que está analisando, permitindo prever a categorização de dados futuros.

A aprendizagem não supervisionada pode ser usada para identificar padrões incomuns de tráfego na internet ou novas formas de fraude de seguros. Esse agrupamento de dados pode automatizar a tomada de decisões, adicionando uma camada de sofisticação ao método. Mais importante ainda, ele nos permite aproveitar os dados de uma nova forma. O que nos falta em conhecimento, compensamos em dados. Podemos até não saber o que estamos procurando, mas desde que tenhamos os dados, podemos encontrar padrões e extrair informações úteis.

Uma terceira maneira, menos comum, de as máquinas "aprenderem" é a *aprendizagem por reforço*. Nesse caso, a máquina recebe "recompensas" e "punições" que dizem se o que ela fez foi correto ou não. O algoritmo recebe dados sem rótulos, mas recebe um exemplo de resultado positivo ou negativo. Essa nota positiva ou negativa fornece um *loop* de feedback ao algoritmo, permitindo-lhe determinar se a solução que está fornecendo resolve o problema ou não. Efetivamente, é a versão computadorizada do aprendizado humano de tentativa e erro. Parece muito abstrato? Nós o vemos na vida real o tempo todo:

> Imagine que um bebê recebe um controle remoto de TV em sua casa (ambiente). Em termos simples, o bebê (agente) primeiro observa e constrói sua própria representação do ambiente (estado). Então, o bebê curioso tomará certas atitudes, como apertar os botões do controle remoto (ação), e observará como a TV responde (próximo estado). Como uma TV que não responde é monótona, o bebê não gostará dela (recebendo uma recompensa negativa, ou "punição") e tomará menos atitudes que levarão a tal resultado (atualizando a política) e vice-versa. O bebê repetirá o processo até encontrar uma política (o que fazer em circunstâncias diferentes) com a qual esteja satisfeito (maximizando a recompensa total).[66]

Talvez o experimento mais famoso desse tipo de *machine learning* já conduzido seja o DeepMind, criado pelos engenheiros do Google, que treinaram um algoritmo para aprender a jogar o videogame *Breakout*, da Atari. No início, a máquina jogava muito mal. Entretanto, quatro horas depois, descobriu que a maneira mais eficaz de ganhar o jogo era cavando um túnel através da parede.[67] De fato, foi relatado que a máquina conseguiu descobrir pelo menos um movimento anteriormente desconhecido pelos programadores.[68] Tudo isso foi alcançado sem que a máquina entendesse o que é uma "bola" ou mesmo um "jogo".

Em termos de aplicação, a chave é que as decisões levam a consequências; a ação de saída é prescritiva e não apenas descritiva, como na aprendizagem não supervisionada. Embora a aprendizagem por reforço ainda esteja em seus primórdios, acredita-se que tenha um enorme potencial de benefícios em várias situações, como o gerenciamento de semáforos e a oferta de recomendações personalizadas.[69]

REDES NEURAIS

Dentro dos campos de aprendizagem de máquina, há uma área que é chamada com frequência de computação neuromórfica. A tecnologia atual de IA é, muitas vezes, associada a redes neurais (artificiais). Essa associação acontece porque essa tecnologia é uma emulação bruta de nossos cérebros humanos (da nossa rede neural biológica), que é mostrada na Figura 4. Como representado na imagem, um neurônio é composto por um corpo celular, dendritos e axônios. A informação chega através dos dendritos; o corpo celular processa a informação, que percorre o axônio e é transmitida pelos terminais pré-sinápticos. Há uma entrada (através do dendrito) e uma saída (através do axônio) muito nítidas.

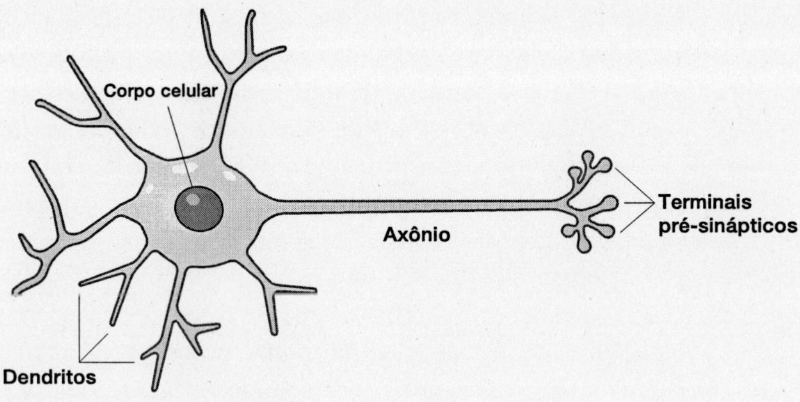

Figura 4: Um único neurônio

Na Figura 5 é possível observar que a tecnologia moderna de IA é modelada livremente a partir da estrutura neuronal do córtex cerebral, em escalas menores, onde há entradas, saídas e um corpo de processamento.

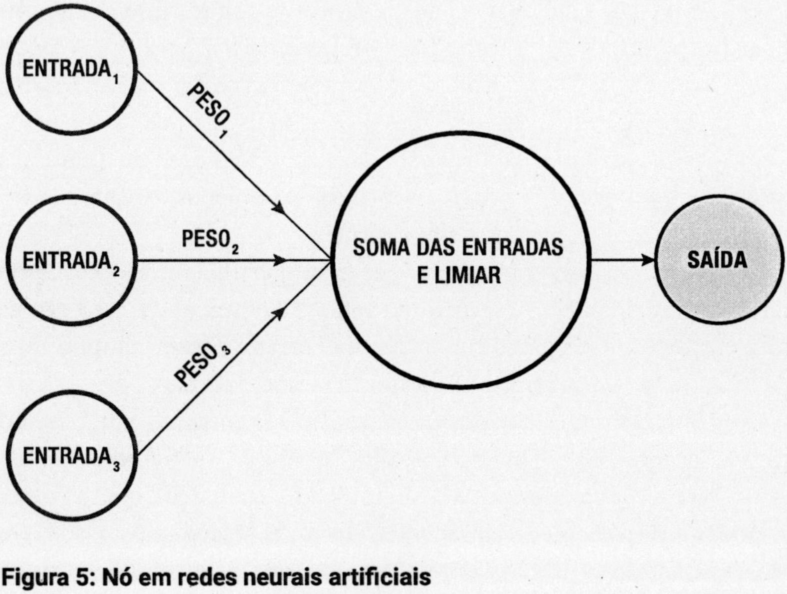

Figura 5: Nó em redes neurais artificiais

Vamos examinar rapidamente como nós, enquanto seres humanos, tomamos decisões. Considere a seguinte situação hipotética: você está prestes a sair de casa e está ponderando sobre se leva um guarda-chuva ou não. Você provavelmente olha pela janela para ver como está o tempo. Se estiver sol, você determina que não há chance de chuva e deixa o guarda-chuva em casa. Se estiver nublado, você pensa que pode chover, então leva o guarda-chuva. A *entrada* era o tempo, e a *saída* era levar ou não o guarda-chuva com você.

É claro que as condições climáticas nunca são determinadas apenas pelo sol ou pelas nuvens. Se, por exemplo, houve vários dias de nuvens ocasionais e nenhuma chuva, você pode abandonar a ideia de pegar um guarda-chuva com base nos dados que "coletou" nos últimos dias. Como consequência, se considerar que uma entrada é irrelevante (como um céu nublado com raios de sol ocasionais), você atribui mentalmente menos peso a ela. Em contrapartida, você pode, com base em sua experiência, dar mais importância a alguma outra coisa (por exemplo, à confiabilidade do boletim meteorológico) ou a especificidades do local onde está (por exemplo, quando chove, chove muito).

Entretanto, se não levar o guarda-chuva e acabar preso em algum lugar por conta de uma tempestade repentina, na próxima vez que precisar tomar a mesma decisão, poderá se ajustar e dar mais atenção à entrada "céu nublado com raios de sol ocasionais". Com o tempo, você continuará a refinar sua abordagem, redefinindo o peso de diferentes entradas. Algumas podem ser descartadas completamente, enquanto outras podem se tornar mais importantes.

A Figura 5 ilustra como uma rede neural artificial é modelada de maneira semelhante ao cérebro humano. As entradas 1, 2 e 3 são as informações que chegam. Quando uma entrada é inserida na célula, ela é processada e contribuirá de alguma forma, ou não, para a saída.

No contexto da IA, a máquina pesará as três entradas com base no que ela "aprendeu" e "viu" no passado. Se uma entrada é considerada inútil para alcançar o resultado de interesse, ela recebe menos peso. Se uma entrada é consistentemente relevante, recebe mais peso. Se o processo reitera continuamente o peso de uma determinada entrada diante dos dados sendo inseridos na máquina (dados que "treinam" a máquina), o peso da informação que não cria nenhum valor será reduzido a zero no final, e o peso da informação importante será proporcionalmente aumentado. Com o tempo, a máquina de IA se tornará cada vez melhor em adivinhar a resposta certa. Portanto, se um computador estiver diante de uma série de imagens para determinar se algo é ou não um cão, ele pode pesar a presença de olhos como um fator importante, de mais peso, e o fundo da imagem como um fator que nem precisa ser considerado. Com informações recém-inseridas, as máquinas podem reajustar os pesos, aumentando assim a precisão de suas respostas ao longo do tempo, exatamente como nossos cérebros fazem.

APRENDIZAGEM PROFUNDA

As situações de decisão até agora têm sido simplistas. A maioria dos casos, na vida real, é muito mais complexa do que identificar a imagem de um cachorro ou decidir levar um guarda-chuva. Se você está começando uma empresa e precisa decidir sobre uma estratégia comercial, por exemplo, tomar a decisão certa seria muito mais complicado. Para fazer isso, seria preciso compilar e revisar uma grande quantidade de informações, e então ponderar sobre o assunto com mais profundidade. Com efeito, processamos informações repetidamente através de múltiplas células cerebrais até que sejamos capazes de tomar uma decisão.

As tecnologias atuais de *machine learning* funcionam da mesma maneira. Se você estiver usando um computador para resolver um problema complicado, vai querer que o computador processe o máximo possível de informações. É isso que conhecemos como *deep learning* [aprendizagem profunda], como mostrado na Figura 6.

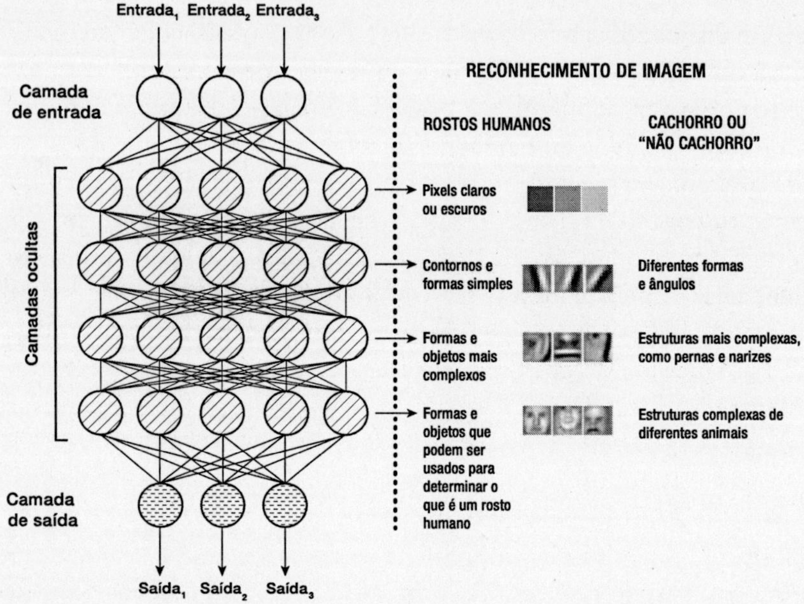

Figura 6: *Deep learning*

Nessa rede, há uma camada de entrada e uma camada de saída. Tudo que está no meio são camadas ocultas de neurônios artificiais, ou *nós*. Cada camada processa as informações transmitidas pelas camadas de nós anteriores e transfere os resultados para as seguintes. Assim, quanto mais camadas em um sistema, mais processamento ocorrerá, e "mais profundo" será o aprendizado. A aprendizagem profunda, portanto, proporciona melhor desempenho na condução de análises e na obtenção de resultados mais precisos. Nesse sentido, *deep learning* não se trata de desenvolver uma compreensão mais profunda, mas de processar muito mais dados.

O lado direito da figura ilustra como redes neurais de aprendizagem profunda usam camadas de regras progressivamente mais complexas para reconhecer objetos complicados, como rostos humanos. De maneira simplificada, a primeira camada pode ser pensada como a tentativa da máquina de distinguir pixels claros ou escuros. Com as camadas adicionais, o computador identifica formas e contornos simples e, posteriormente, formas e objetos mais complexos. Finalmente, nas últimas camadas, o computador reconhece a forma e o objeto que pode ser usado para discernir o rosto de pessoas.

Quanto mais camadas uma rede tiver, mais sutis serão as características dos dados de entrada que podem ser detectados e identificados. Em seu relatório especial de 2016 sobre IA, a revista *The Economist* afirmou que redes com vinte ou trinta camadas de profundidade são comuns, e os pesquisadores da Microsoft chegaram a construir uma rede com 152 camadas. Redes mais profundas são capazes de níveis mais altos de abstração e produzem melhores resultados, e essas redes provaram ser úteis para a resolução de uma gama muito ampla de problemas.[70] A Figura 7 fornece um resumo dos conceitos de IA, aprendizagem de máquina e aprendizagem profunda.

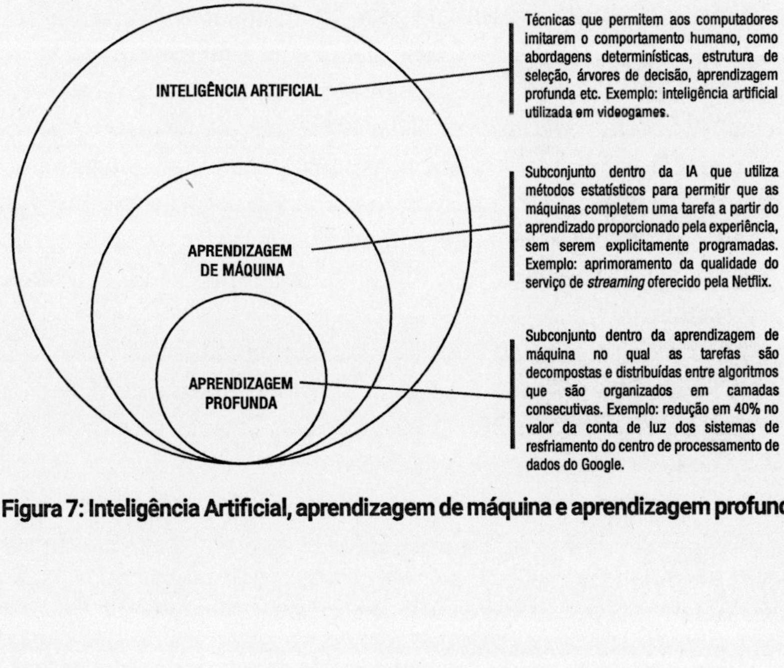

Figura 7: Inteligência Artificial, aprendizagem de máquina e aprendizagem profunda

MAIS PERTO DA REALIDADE

As aplicações técnicas da IA só recentemente se ampliaram no imaginário popular, uma vez que as tecnologias de aprendizagem profunda começaram a desempenhar um papel cada vez maior em nossas vidas. Até muito pouco tempo atrás, a maioria das pessoas só tinha ouvido falar da IA da perspectiva da cultura pop, em filmes como o já citado *O Exterminador do Futuro* ou *A.I.: Inteligência Artificial*, de 2001, dirigido por Steven Spielberg.

Então, o que realmente os desenvolvimentos atuais da IA trouxeram? Como ela passou de relativamente pouco expressiva a estar repentinamente em todos os lugares? A origem das redes neurais que descrevemos é baseada em um modelo matemático do neurônio chamado Perceptron, introduzido por Frank Rosenblatt em 1957. Os rápidos desenvolvimentos em duas áreas contribuíram para o mais recente crescimento da IA: poder de processamento e bancos de dados.

As melhorias aceleradas das tecnologias de chips de computador levaram a um grande aumento no poder computacional, o que, por sua vez, permitiu a expansão das capacidades de processamento e análise. No entanto, o verdadeiro impulso veio de outro desenvolvimento paralelo da indústria. A introdução da unidade de processamento gráfico (GPU), popularizada pelo aumento das vendas de PCs e consoles de videogame, acelerou drasticamente o desenvolvimento do processamento. Foi relatado que o treinamento de uma rede de quatro camadas usando GPU agora leva menos de um dia, algo que, no passado, demorava várias semanas.[71]

O fenômeno recente do Big Data e sua disponibilidade criou muitos dados para máquinas de treinamento. Considere imagens gráficas, por exemplo. Um estudo de 2014 sugeriu que as pessoas carregam uma média de 1,8 bilhão de imagens digitais no Facebook, Instagram, Flickr, Snapchat e WhatsApp *todos os dias*.[72] Isso equivale a 657 bilhões de fotos por ano. Em outros termos, a cada dois minutos, seres humanos tiram mais fotos do que as que existiam *no total* há 150 anos.[73] Isso sem incluir, é claro, mensagens digitais, vídeos, leituras de sensores e gravações de som que também podem ajudar a treinar máquinas.

Assim como uma criança aprendendo uma nova língua precisa de muitas palavras e frases, os sistemas de aprendizagem de máquina agora têm muitos exemplos para melhorar sua capacidade de reconhecer discursos, classificar imagens e dar sentido aos textos.[74]

O armazenamento de dados e códigos também tem progredido muito. A computação em nuvem permite que uma enorme quantidade de dados seja armazenada para uso futuro. A chegada dessa tecnologia, como o tipo de serviço oferecido pela Amazon Web Services, criou novas oportunidades para o desenvolvimento de IA, especialmente para as startups com orçamentos menores.[75]

BOTS MAUS?

Embora haja muitas razões para nos orgulhamos do triunfo tecnológico alcançado pelos humanos até agora, é primordial destacar o lado negativo. No passado, a aprendizagem de máquina levou a resultados inesperados ou indesejados, particularmente quando a entrada recebida pela máquina era (talvez não intencionalmente) incompleta, mal escolhida, obsoleta, ou sujeita a seleção tendenciosa.[76]

Um exemplo disso foi uma ocasião em que programadores criaram um software de reconhecimento facial usando apenas fotos de pessoas caucasianas para treinar um dispositivo de IA.[77] Como resultado, em 2016, na Nova Zelândia, um homem de ascendência asiática teve sua foto de passaporte rejeitada quando o software de reconhecimento facial registrou erroneamente que seus olhos estavam fechados.[78] Em outro caso, em 2015, um desenvolvedor de software afro-americano tuitou que o serviço de fotos do Google havia rotulado fotos dele e de seu amigo como "gorilas".[79] As máquinas envolvidas nesses episódios não eram inerentemente racistas, mas foram alimentadas com dados tendenciosos, e o resultado foi um reflexo disso.

O Flickr fez algo semelhante quando seu novo sistema de marcação automática rotulou pessoas negras com as tags "macaco" e "animal", bem como fotos de campos de concentração receberam tags como "esporte" ou "academia na selva".[80] A inteligência artificial, ao que parece, também pode ser sexista. Em um estudo foi mostrado que é mais provável que pessoas que aparecem em imagens cujo fundo é uma cozinha sejam rotuladas como "mulheres", sem que os dados de treinamento da máquina necessariamente levem a essa associação. Em um dos casos, um homem próximo a um fogão em uma foto foi rotulado como "mulher".[81]

Mais reflexões involuntárias do pior lado da humanidade ocorreram quando a Microsoft lançou, em 23 de março de 2016, um *chatbot* público com uma conta no Twitter, chamado Tay. A intenção era mostrar as habilidades autônomas do *chatbot* quando este era deixado completamente sozinho. Tay deveria aprender com base nas informações que recebia ao interagir com outros usuários da internet. Em poucas horas, Tay passou a ser inundado por inúmeras ofensas e ataques de outros usuários. A Microsoft teve que tirá-lo do ar após apenas 16 horas, porque o *bot* tinha começado a expressar discursos abusivos, racistas, sexistas e pró-nazismo. Tay foi influenciado por dados horríveis (o que diz muito sobre alguns usuários das redes sociais), e a Microsoft não o tinha programado para ter um comportamento adequado. Muito francamente, esse incidente diz tanto sobre nós como seres humanos quanto sobre as máquinas.

Esses exemplos mostram como é importante programar a IA com propósito e parcimônia. Os *bots* não são maus; eles apenas receberam dados ruins. Se quisermos usar essas máquinas para criar benefícios, devemos também estar atentos aos nossos próprios preconceitos e aos de outras pessoas ao programar. Se os sistemas de IA aprendem com dados humanos problemáticos, podemos esperar algoritmos que automatizem o preconceito, a discriminação,[82] e a desigualdade.[83]

A aplicação cega da aprendizagem de máquina aumenta o risco de amplificação de vieses nos dados. No entanto, as empresas estão cada vez mais ansiosas para delegar tarefas aos novos serviços impulsionados por IA e não ter que lidar com os detalhes. Três anos após o problema do serviço de fotos do Google, a empresa "consertou" a falha simplesmente removendo certos rótulos do sistema, inclusive "gorilas" e "chimpanzés".[84]

Essa não é uma questão leviana. Vamos fazer uma analogia: depositar total confiança no algoritmo apenas alimentando-o com dados para tomar decisões é semelhante a dar dados e informações a uma criança de seis anos com a expectativa de que ela será capaz de processá-los e de chegar a um resultado para tomar decisões como um adulto. Falta à criança a sofisticação necessária em sua análise para alcançar resultados que possam atender à complexidade da lógica subjacente e à realidade das atividades dos adultos. Além disso, a criança é incapaz de avaliar a qualidade das informações fornecidas e só vê o mundo através das perspectivas prescritas pelos adultos. Se eles não puderem identificar falhas em seus pontos de vista, é inevitável que a criança (ou o algoritmo) perpetue essas falhas. As crianças não nascem naturalmente com preconceitos: elas aprendem isso com os pais e continuam a aprofundar sua visão de mundo de acordo com suas passagens por círculos sociais cada vez maiores e instituições, que vão de membros da família até escolas.

A questão em torno do preconceito não é apenas pertinente ao setor privado, já que um número crescente de agências governamentais está começando a empregar alguns recursos para o estudo de viés e resultados tendenciosos. Digna de menção é a iniciativa chamada AI for Humanity, introduzida pelo governo francês, que tem o objetivo de estabelecer uma missão ética e responsável para as estratégias de IA. Conceitos como transparência na programação e lealdade em torno dos algoritmos são alguns dos elementos propostos pela iniciativa. Embora ainda esteja em estágios iniciais, é um desenvolvimento bem-vindo que desejamos ver proliferar também em outras partes do mundo.

IA E A INTERNET DAS COISAS

O termo "*Internet of Things*", ou IoT, foi originalmente cunhado por Kevin Ashton, em uma apresentação em 1999. Ele se refere à interconexão de dispositivos de computação embutidos em objetos cotidianos. Atualmente, tudo, desde seu telefone celular até sua máquina de lavar roupa, pode enviar e receber dados pela internet. São dados brutos que podem ser utilizados para análise e possíveis interpretações de IA, mas o aspecto mais importante da IoT é o fato de que bilhões de sensores ao redor do mundo estão se conectando uns aos outros e à nuvem.

Esses mesmos sensores têm sido usados desde o início deste século para melhorar o desempenho e a eficiência na cadeia de valor, mas também geraram acesso a medições de fluxos de dados e detecção de erros ou falhas de produção, bem como de comportamentos específicos que podem ajudar a melhorar os resultados de desempenho. Aqui está um exemplo simples: imagine uma geladeira que é capaz de medir a disponibilidade de um produto específico (o leite, por exemplo). Se ficarmos sem leite e não o substituirmos por uma nova garrafa, uma "geladeira inteligente" poderia enviar um email para a mercearia fazendo o pedido de compra de leite, pagar com um cartão de crédito pré-registrado e fornecer o endereço de entrega. Esse é um exemplo trivial, mas demonstra o grau de conexão da internet sem fio e o seu potencial.

A integração de todos esses dados e o armazenamento virtual praticamente infinito são características-chave do que a Internet das Coisas e suas aplicações podem fazer.

Embora o exemplo anterior ainda esteja confinado a um cenário plausível, mas hipotético, o local onde a IoT tem sido mais utilizada são as fábricas, com a finalidade de melhorar a eficiência da produção. A IoT abordada no âmbito de sua aplicação dentro de contextos industriais é chamada de Internet das Coisas Industrial, ou IIoT (*Industrial Internet of Things*). Empresas como UPS, DHL e Amazon empregam automação, sensores e transporte sem condutor em armazéns para rastrear e mover pacotes. Elas conectam objetos físicos ao mundo virtual usando sensores, e isso é parte integrante dos negócios. Para ver um exemplo de empresa no Reino Unido onde a IIoT se tornou o "feijão com arroz" diário dos processos de produção, basta visitar o armazém do supermercado on-line Ocado, que usa muitos sensores para automatizar processos que, de outra forma, seriam muito trabalhosos.[85]

A IA e a IoT não são a mesma coisa. Enquanto a primeira envolve mais processamento e análise de dados para a previsão de resultados, a segunda diz respeito à conectividade entre dispositivos. Trabalhando na vanguarda da IA, temos o privilégio de assistir de camarote e experimentar em primeira mão os mais recentes desenvolvimentos tecnológicos na área. Para nós, o marco da IA não é apenas a extensão da coleta de dados que é feita hoje, mas também a capacidade recém-adquirida de converter dados não estruturados em dados estruturados de forma relevante. Em nossa vida diária, estamos constantemente gerando dados, mas a maior parte deles não são estruturados nem categorizados e, portanto, geralmente não podem ser utilizados. Uma coisa que a IA tem feito é nos permitir extrair quantidades enormes de fontes de dados, compilá-las, processá-las e dar sentido a elas, algo que era difícil, se não impossível, em um passado não muito distante.

Imagine o que e quanto poderia ser realizado se um levantamento do número de pessoas que existem em um espaço específico definido pudesse ser feito instantaneamente, ou se fosse possível detectar um acidente (por exemplo, uma queda) ou um incidente (por exemplo, uma briga) de forma automática. A DT42, empresa parceira nossa, está usando IA para fazer o reconhecimento de objetos e eventos, como mostrado na Figura 8.

Figura 8: Usos potenciais de IA

A empresa usa, por exemplo, câmeras para observar quantos pedestres atravessam uma rua e quantos carros viram à esquerda em um cruzamento para melhorar a segurança do trânsito. No passado, os dados já eram gerados para contabilizar pedestres e veículos motorizados, mas só recentemente se tornou possível capturá-los, analisá-los e tirar conclusões em tempo útil para evitar acidentes.

Uma solução para esse problema é usar máquinas para processar os dados e tomar medidas imediatas. No entanto, o fato de os dados serem primeiro capturados por câmeras e depois enviados para processamento por sistemas de aprendizagem de máquina na nuvem causa dois problemas. O primeiro é a largura de banda, que é cara porque, para lidar com a comunicação de grandes quantidades de dados entre as câmeras e a nuvem, é sempre limitada. O segundo é a latência. O tempo necessário para mover os dados para a nuvem, processá-los e depois movê-los de volta aos dispositivos é, por vezes, muito longo para uma resposta instantânea.

É por isso que a computação de borda (*edge computing*) tem atraído tanta atenção ultimamente. Ela é uma especialidade da DT42. Chamando-a de *edge AI* [IA de borda], a empresa coloca a capacidade de processamento de IA nas próprias câmeras. Como resultado, menos largura de banda é necessária, pois menos dados precisam ser enviados para a nuvem. A latência também é reduzida, já que o tempo necessário para transmitir dados de um lado para o outro pode ser efetivamente eliminado.

Com a ampliação do uso da IoT, podemos esperar ver novas tecnologias de IA serem implantadas. No entanto, por mais que as pessoas gostem de falar sobre a Internet das Coisas, ela ainda tem muitos detalhes técnicos e operacionais que precisam ser trabalhados. Estabelecer o uso da IoT, ao contrário do que muitas pessoas acreditam, não é tão simples assim. Isso porque para que os sensores funcionem bem, dois elementos críticos são necessários: energia elétrica e conectividade. Para a maioria dos consumidores como nós, eles estão amplamente disponíveis. Mas há muitas situações em que um sensor desejado está muito longe de uma fonte de energia (como em um túnel) ou não pode ser instalado (como equipamentos de apoio no solo nos aeroportos). Naturalmente, os sensores podem ser alimentados por baterias, mas isso significaria que alguém precisaria ir até o local para verificá-las e substituí-las de forma contínua. Além disso, a conectividade 3G ou 4G é extremamente cara para o propósito de conectar sensores, sem mencionar que tal conectividade precisa ser alimentada por conta própria.

Uma empresa chamada EverSensors surgiu com um produto chamado "EverSense", que requer pouquíssima luz ambiente do entorno para funcionar, dispensando assim a necessidade de baterias e fontes de energia. O slogan da empresa é "Stick and Forget. Works Forever" [instale e esqueça, funciona para sempre]. Com relação à conectividade, esses sensores não precisam permanecer on-line de forma consistente ou carregar grandes pacotes de dados. Basta que o sensor possa coletar energia suficiente na área do entorno para fazer um único disparo de dados.

Parece simples, mas o sensor pode ser usado para realizar tarefas que antes eram impossíveis — por exemplo, o monitoramento da temperatura de freezers em lojas de conveniência. Alguns fabricantes de sorvetes em Hong Kong, por exemplo, costumam ter freezers nas lojas e gostam de acompanhar remotamente a temperatura para garantir que estejam em condições adequadas de funcionamento para não danificar os produtos de sorvete. No entanto, isso teria sido difícil antes, porque as baterias não funcionavam em condições frias e, portanto, os sensores alimentados por eletricidade não funcionariam bem em tais ambientes. O EverSense é perfeito para esse caso e abre novas possibilidades e oportunidades de negócios.

Com o refinamento dos sensores, a tecnologia de conectividade barata e a IA, seremos capazes de gerenciar melhor coisas como infraestrutura e bens físicos. Isso se traduzirá em ciclos de vida mais longos dos produtos, o que economizará muito dinheiro e esforço desnecessário. Consequentemente, podemos acabar descartando menos, o que é ótimo para a sustentabilidade e o meio ambiente.

A combinação de conectividade móvel, Big Data, nuvem e aprendizagem de máquina tem sido um poderoso avanço tecnológico que penetra cada vez mais nossas vidas cotidianas. A IA avançou muito em sua jornada, mas ainda há um longo caminho a ser percorrido para que ela seja empregada em todo o mundo. Sem dúvida, a IA continuará a mudar a realidade que conhecemos e trará também vastas implicações comerciais e sociais. É o que vamos explorar nos próximos capítulos.

CAPÍTULO 4

IA NOS NEGÓCIOS

Apesar das atuais limitações da IA, conforme descrito no capítulo anterior, essa tecnologia está trazendo grandes mudanças para o cenário empresarial. Estamos começando a ver a IA empregada cada vez mais no contexto das atividades comerciais. Espera-se que a receita derivada da oferta de produtos e serviços relacionados à inteligência artificial exceda três trilhões de dólares até 2024, contra os 126 bilhões de dólares movimentados em 2015.[86] Um estudo recente com mais de três mil executivos entrevistados revelou que 85% deles acreditam que a IA permitirá que seus negócios criem ou sustentem vantagem competitiva.[87]

Em muitos aspectos, a IA parece ser a nova tecnologia perfeita para a integração comercial. Ela tem muitas aplicações comerciais possíveis devido ao senso inerente de criação de eficiência. Esse impulso é muito atraente porque geralmente leva à redução de custos operacionais.

Anteriormente, muitas empresas tentavam aumentar a eficiência reduzindo a margem de erros. A mentalidade empresarial japonesa introduziu uma cultura de melhoria contínua e de minimização de falhas a um número o mais próximo possível de zero. Essa mesma filosofia de redução de erros também deu origem a outras técnicas de gerenciamento, como o Totally Quality Management (TQM) e o Six Sigma. As empresas que adotam a IA, no entanto, precisam adotar uma abordagem diferente.

A IA é excelente na prevenção de erros, sobretudo em atividades comerciais de trabalho intensivo, tais como a entrada manual de dados ou qualquer tipo de tarefa repetitiva, e o dinheiro que pode ser economizado somente com isso é suficiente para justificar o emprego da tecnologia nesse tipo de função. Nesse sentido, a IA é a troca econômica perfeita: mais eficiência que, dentro de algum tempo, recuperará o custo e gerará mais lucros. Mas há muitas outras maneiras pelas quais a IA pode ajudar a melhorar a eficiência de uma empresa.

Por exemplo, ela pode ajudar as empresas a acessar novas oportunidades de geração de receita, tais como *chatbots* e melhores serviços de recomendação. Igualmente importante, as empresas encontrarão cada vez mais maneiras de alavancar a IA para criar novos modelos de negócios lucrativos. Isso porque a aprendizagem de máquina é vista como algo que se tornará uma tecnologia de uso geral. As GPT impulsionam o crescimento econômico, dando origem a cascatas de inovações complementares (como foi o caso dos motores de combustão interna)[88] e engatilhando rapidamente economias de grande porte. Andrew Ng, um dos mais renomados especialistas na área, compara a IA a outras GPT: "Assim como a eletricidade transformou quase tudo há cem anos, hoje eu realmente tenho dificuldade de pensar em uma indústria que a IA não irá transformar nos próximos anos."[89]

Existe atualmente uma lacuna entre a implementação de soluções completas de IA dentro de organizações maiores e dentro de organizações menores. Por razões que discutiremos mais adiante neste capítulo, as empresas menores geralmente não têm acesso a essas inovações, devido ao alto custo e à falta de conhecimento específico da área. Entretanto, espera-se que elas consigam superar essas questões muito em breve, o que significa, por sua vez, que muitas empresas, pequenas ou grandes, logo terão a chance de aplicar a IA em suas operações.

Este capítulo abrange os modos como a IA pode funcionar dentro de uma empresa, enquanto o próximo examina como inseri-la em sua própria empresa.

INTEGRAR, NÃO APENAS INCLUIR

A chave para colher os maiores benefícios do uso de novas tecnologias não está na inclusão da ideia da tecnologia. Ao contrário, é a integração adequada dessa tecnologia nas atividades existentes que leva à geração de novos valores. Para a IA, integrar a tecnologia em sua empresa não significa simplesmente substituir as tarefas humanas pelas executadas por máquinas. É infinitamente mais eficaz integrar inteligência artificial em suas operações comerciais enquanto a mão de obra humana realiza as tarefas que lhes são próprias.

A Amazon é um excelente exemplo de como usar máquinas para aumentar a eficiência, ao mesmo tempo em que ainda depende de pessoas para realizar certas tarefas-chave. Pode-se pensar que os processos de um Amazon Fulfillment Center, centros de distribuição onde os pedidos dos clientes são montados, são totalmente automatizados, mas não são. Terence teve a sorte de ter visitado um desses locais e teve uma surpresa agradável ao descobrir que muitas atividades ainda são realizadas por seres humanos.

Quando os produtos chegam ao armazém pela primeira vez, eles devem ser colocados em prateleiras. Acontece que seres humanos são melhores lidando com prateleiras do que os robôs. Se você tiver uma pilha de livros, uma máquina tentará encaixá-los da maneira mais eficiente na prateleira, sem levar em conta em que direção estão virados. No entanto, não é assim que queremos que os livros sejam colocados nas prateleiras; precisamos que todos estejam voltados para uma direção, com as lombadas viradas para fora, para que os nomes fiquem expostos. O mesmo acontece quando se empilha objetos de diferentes formas e tamanhos; tudo precisa ficar visível e o máximo de espaço possível precisa ser economizado. Os livros de um determinado tipo precisam ficar juntos, não simplesmente empilhados. A Amazon tentou automatizar esse processo, mas a IA não entende o espaço dessa forma. A quantidade de variação de tamanho e forma entre os objetos estava além da capacidade dos robôs. Lidar com formas irregulares de produtos é algo em que seres humanos se destacam muito mais.

Agora vamos olhar para os produtos que são retirados para serem distribuídos. Quando chega o pedido de um cliente, imagina-se que uma gigante tecnológica como a Amazon teria um braço mecânico acionado digitalmente para pegar produtos de todas as formas, tamanhos e consistências e colocá-los em uma caixa para envio. No entanto, a empresa ainda não encontrou a maneira correta de fazê-lo, mesmo depois de várias tentativas.[90]

Os seres humanos também superam as máquinas no momento de selecionar os itens para envio. Contudo, ao invés de uma equipe ficar correndo para cima e para baixo nos *fulfillment centers* em busca dos itens certos, a Amazon usa alguns robôs baixos de cor laranja chamados *pods*, que trazem as prateleiras até os humanos. Assim que a prateleira é trazida para o funcionário, ele separa o item solicitado. Em seguida, compara o item com a imagem do pedido na tela para confirmar que o produto corresponde à encomenda. Depois disso, o funcionário deixa o item em uma dentre as cinco caixas (cinco pedidos de cliente são preenchidos ao mesmo tempo), de acordo com a luz sinalizadora que indica qual a caixa correta. O funcionário então pressiona o botão da luz, e o robô se retira com a prateleira. O próximo robô carregando outra prateleira ocupará então a posição na frente do funcionário.

Há vários bons motivos que justificam esse esquema. Primeiro, seres humanos são muito melhores e mais rápidos do que as máquinas quando se trata de verificar a correspondência entre produto e pedido. As máquinas teriam que digitalizar o item e analisá-lo, o que retarda e acrescenta custos ao processo de atendimento. Em segundo lugar, mãos humanas são mais habilidosas ao apanhar produtos com delicadeza.

Terceiro, os humanos são muito melhores no controle de qualidade: podem ver com facilidade se um livro está rasgado, dobrado, com orelhas ou se um título está no lugar errado. Devoluções por danos ou pedidos errados custam caro para a empresa, e reduzir a devolução de pedidos é fundamental para a rentabilidade do negócio.

Uma quarta razão tem muito menos a ver com seres humanos versus máquinas. No entanto, é tão genial que devemos enumerar. Como resultado de trazer prateleiras para as pessoas, cópias do mesmo item podem ser espalhadas e estocadas em qualquer lugar do armazém, desde que a empresa saiba em quais prateleiras estão, em vez de embalá-las todas em um único local, o que permite flexibilidade no uso do espaço.

A história não termina aqui. Surpreendentemente, há também um exército de funcionários humanos para embalar as caixas com produtos para envio. Mais uma vez, poderíamos supor que a Amazon usa máquinas para realizar essa tarefa. E mais uma vez, as razões pelas quais ela não o faz são estas: a destreza oferecida pelos humanos ao embalar encomendas de diferentes tamanhos é inigualável, com mais verificações de controle de qualidade. Quanto mais pontos de contato humano houver, melhor, pois a taxa de devolução será menor.

Com esses arranjos, a Amazon aproveita ao máximo o potencial dos colaboradores e deixa para as máquinas o trabalho literalmente pesado de subir e descer os corredores do armazém, evitando o esforço físico e a perda de tempo que uma equipe humana teria ao realizar a mesma tarefa.

Esse é um sistema excelente porque realmente capitaliza os pontos fortes de pessoas e robôs. Há limites para o que robôs podem fazer, embora isso possa mudar um dia. Até lá, os seres humanos são os melhores candidatos para preencher essas lacunas, em virtude da nossa versatilidade inata. Somos capazes de aumentar a eficiência do processo, reduzindo erros. Ao contrário do que poderia se pensar, é por esse motivo que a Amazon tenta maximizar a quantidade de interferência humana em cada pedido. Esse é um grande exemplo de *cobótica*, robôs que são criados para existir lado a lado e interagir fisicamente com seres humanos em um espaço de trabalho compartilhado, algo que mencionamos anteriormente. Uma espécie de simbiose profissional não invasiva entre ser humano e automação.

O exemplo anterior trata de pessoas e máquinas trabalhando em conjunto para alcançar resultados melhores em um ambiente físico. E quanto a pessoas que trabalham com IA? Em um estudo recente, os profissionais usaram *deep learning* para diagnosticar câncer em biópsias por imagem. As máquinas conseguiram atingir uma precisão de 92,5%. Os seres humanos tiveram taxa de precisão de 96,5%, portanto, as máquinas apresentaram uma margem de erro maior. O que é realmente interessante é que quando a IA e os patologistas trabalharam juntos, a margem de erro caiu para 0,5%, levando a eficácia dos exames de câncer a quase 100% de precisão.[91]

Mais uma vez, isso mostra que ter grandes quantidades de dados ou máquinas não significa necessariamente resultados melhores. As taxas de acerto mais altas ocorrem quando as pessoas usam os algoritmos para informar suas decisões, em vez de deixarem os algoritmos decidirem sozinhos ou tentarem por si próprias chegar ao resultado.

AS FUNÇÕES TÉCNICAS DA IA

Uma observação importante sobre as discussões feitas até o momento é que a tecnologia pode se sobressair em certas funções, enquanto seres humanos são melhores desempenhando outras. Portanto, é importante entender os pontos fortes da IA para utilizá-la adequadamente nas tarefas corretas. Para isso, como mostrado na Figura 9, é possível dissecar a IA e observar suas três funções técnicas distintas separadamente: reconhecer, prever e prescrever.[92]

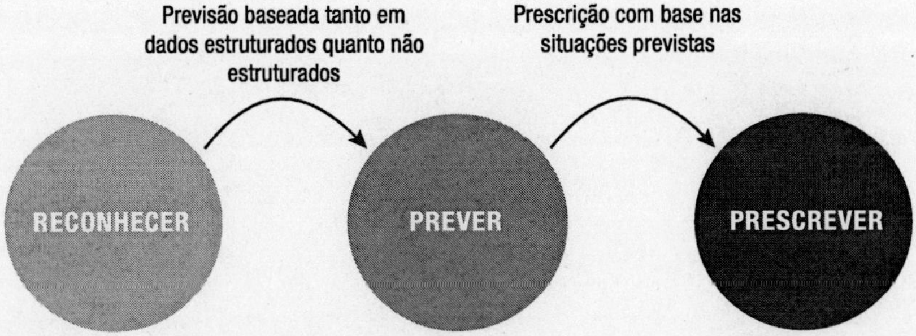

Figura 9: As três funções técnicas da IA

RECONHECIMENTO

Como detalhado anteriormente, o uso de máquinas e sistemas de aprendizagem profunda viabiliza a extração de dados que antes eram tremendamente difíceis de coletar. É possível usar a IA de maneira gradual para compilar dados que se apresentam na forma de imagens, vídeos, voz e texto.

Esses dados sempre existiram e sempre foram gerados em uma base diária. No entanto, tais dados ociosos e não estruturados não podiam ser capturados com a facilidade que podem agora. Além disso, o processamento desses dados melhorou exponencialmente ao longo dos últimos anos. Tomemos como exemplo o reconhecimento de imagens. A Figura 10 fornece um gráfico que mostra como a margem de erro no uso de aprendizagem profunda para reconhecimento de imagens caiu rapidamente.[93]

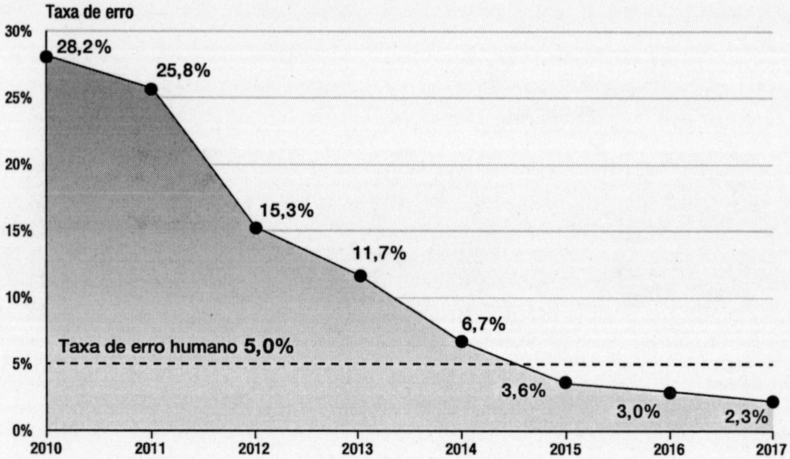

Figura 10: Resultados do desafio da ImageNet de reconhecimento visual em larga escala, 2010-2017

Em 2010, quando a competição de reconhecimento visual em larga escala da ImageNet aconteceu pela primeira vez, pelo menos 25% dos resultados de cada equipe estavam incorretos. O primeiro avanço veio em 2012, quando a equipe que primeiro utilizou o método de aprendizagem profunda acabou sendo a única a obter uma taxa de erro abaixo de 25%. No ano seguinte, quase todas as equipes conseguiram uma margem de erro de 25% ou menos. O segundo avanço veio em 2015, quando as máquinas bateram a taxa de erro de 5% da performance dos humanos. Em 2017, 29 das 38 equipes concorrentes tiveram taxas de erro inferiores a 5%.

O reconhecimento da fala também melhorou. Em 2013, a taxa de precisão para detecção de voz das máquinas do Google estava entre 70% e 80%. Em 2015, atingiu 90%. Em 2017, as máquinas estavam no nível dos seres humanos, com 95% de precisão.[94]

Tal avanço também impulsionou o desenvolvimento do processamento de linguagem natural, mais popularmente conhecido como PLN. O termo se refere à capacidade de uma máquina de analisar, compreender e produzir a linguagem humana. O objetivo ideal do PLN é fazer com que as interações entre máquinas e pessoas sejam exatamente como as interações entre dois seres humanos. Reforçamos que absorver fala e texto é relativamente fácil para as máquinas; a parte mais difícil é entendê-los e dar sentido a eles. Descobrir os significados semânticos e contextuais das conversas é complexo. No entanto, o desenvolvimento recente de modelos de aprendizagem de máquina, como o "word2vec", que aprende associações de palavras a partir de redes neurais, abriu novos caminhos nessa área.

PREVISÃO

A segunda função é a previsão. Como ficou claro no capítulo anterior, as máquinas e os sistemas atuais de aprendizagem profunda funcionam com base na probabilidade, aperfeiçoando-se continuamente para fazer previsões corretas a partir do processamento de dados estruturados e não estruturados. A previsão pode, portanto, ser pensada como "o processo de preenchimento de informações ausentes e sua utilização para gerar informações até então indisponíveis".[95] A maioria das empresas ainda utiliza mecanismos convencionais, fazendo suas previsões sem a ajuda da tecnologia. No entanto, dado o ritmo de avanço atual, provavelmente veremos cada vez mais indústrias financeiras automatizarem seus processos para melhorar as relações entre bancos e clientes, adotando medidas mais rigorosas para evitar fraudes com cartão de crédito e antecipando as necessidades financeiras de titulares de conta e acionistas.

Quando Augie Picado, presidente da UPS no México, deu uma palestra para a turma de Mark em Harvard, ele compartilhou algumas das aplicações de IA em empresas como UPS, DHL e FedEx. Foi fascinante descobrir que elas usam IA para determinar se os pacotes contêm algum contrabando que não deve ser enviado. Essas empresas processam milhões de pacotes por ano, e não há como verificar manualmente cada um deles, por isso, usam a tecnologia para escanear todos os pacotes em busca de mercadorias falsificadas, animais vivos, medicamentos e assim por diante. A UPS tem até mesmo robôs que perambulam pelos armazéns procurando mercadorias falsificadas, assim como fazem os cães farejadores de drogas.

Outro exemplo é o uso de IA para monitorar edifícios e máquinas. A chamada manutenção preditiva (previsão de quando e o que consertar antes das avarias) provavelmente levará melhorias maciças às infraestruturas e aos ativos tangíveis.

Um dos valores mais importantes da previsão é que ela é um input fundamental. Melhores previsões, tanto em nossa vida empresarial como social, podem levar a melhores informações e, por sua vez, a melhores tomadas de decisão. À medida que os sistemas de aprendizagem de máquina se tornam cada vez mais populares, o custo para fazer previsões continuará a cair. O resultado é que desenvolveremos uma gama diversificada de novas atividades e veremos todo tipo de coisas antes impossíveis tornarem-se possíveis.[96].

PRESCRIÇÃO

Mas a previsão não é uma decisão em si — é apenas uma forma de fomentar a tomada de decisão. O modo como os resultados previstos são utilizados é a terceira função técnica: a prescrição. Com base em muitos sensores, conectividade e sistemas de aprendizagem de máquina, a IA tem sido aplicada em veículos autônomos. O mesmo pode ser dito da robótica avançada, que alimenta a automação da produção industrial. As atividades de escritório baseadas em conhecimento logo verão também o poder da automação inteligente.

Entretanto, um elemento importante a ser considerado com relação à prescrição é o quanto a IA substituirá julgamentos humanos. As máquinas são ideais para questões pouco importantes, tais como decidir desaprovar uma transação com cartão de crédito. Sem dúvida, um erro seria inconveniente, mas com certeza não mudaria a vida de ninguém.

Mas imagine um cenário em que você pudesse escolher entre seres humanos ou máquinas para julgar uma situação jurídica. Sabemos que humanos são falhos. Por exemplo, um estudo mostrou que as chances de alguém receber liberdade condicional diminuem gradualmente à medida que a decisão precisa ser tomada em horários mais próximos do intervalo de almoço dos juízes.[97] Ao mesmo tempo, a IA está sujeita a seus próprios vieses de programação, alguns dos quais não são evidentes de imediato. Sabendo disso, você escolheria máquinas ou pessoas para chegar a um veredito sobre você? As decisões sobre como fazer julgamentos adequados no mundo da IA são mais uma questão a ser enfrentada.

AS ONDAS DA IA

A IA nos permitiu soltar nossa imaginação à medida que a tecnologia entrou em tantos aspectos diferentes da gestão de negócios e de nossas vidas sociais. Para nos permitir identificar melhor as várias categorias de IA, consideramos as muito úteis quatro ondas propostas por Kai-Fu Lee, um conhecido especialista na área. Elas são mostradas na Figura 11.[98]

ONDAS DA IA	CATEGORIZAÇÕES	EUA	CHINA
1 IA para a internet	Aplicação de IA para atender consumidores através da internet e serviços móveis, com melhoria da interface do usuário e da compreensão das preferências do usuário.	*Em andamento*	*Na vanguarda*
2 IA empresarial	Aplicação de IA para ajudar as empresas a tomar melhores decisões, entender os clientes, fazer o marketing ou reduzir custos e cargas de trabalho, utilizando automação inteligente.	*Na vanguarda*	*Em andamento*
3 IA de reconhecimento	Aplicação de IA para reconhecimento de voz / imagem / vídeo para extrair informações que antes não podiam ser captadas e convertê-las em dados utilizáveis para a criação de novos sistemas e aplicações	*Em andamento*	*Na vanguarda*
4 IA autônoma	Aplicação de IA para sistemas que se movimentam por conta própria, com a habilidade de perceber e responder às condições do ambiente ao redor, tal como veículos autônomos, robótica e fabricação e automação da produção.	*?*	*?*

Figura 11: Categorização da IA

A primeira onda é a da IA para a internet, que começou pouco antes deste milênio e introduziu algoritmos que aproveitavam as informações acumuladas dos usuários para adaptar conteúdos personalizados e motores de preferência. Isso envolve um grande volume de aprendizado e uma melhor compreensão dos consumidores através de melhorias contínuas na interface do usuário e aplicativos. As empresas podem capitalizar sobre as massas de dados rotulados para reunir perfis de personalidades, hábitos, exigências e desejos de seus clientes.

A segunda onda, que começou por volta de 2004, é a IA empresarial. Enquanto na internet os algoritmos são usados para ampliar a compreensão sobre os consumidores, a IA empresarial está mais ligada à reengenharia de processos organizacionais. Ela faz uso de dados rotulados que as empresas têm acumulados. Registros de transações para serviços financeiros ou registros de manutenção de maquinário para a indústria, por exemplo, geram dados para ajudar as empresas a tomar melhores decisões. Enquanto seres humanos podem fazer previsões baseadas na identificação da causa raiz dos eventos, a chegada da aprendizagem de máquina permite a detecção da correlação entre variáveis não facilmente identificáveis. O resultado é a abertura de novas perspectivas que podem complementar o julgamento humano.

A terceira onda da IA surgiu por volta de 2011. Preferimos chamá-la de "IA de reconhecimento", pois acreditamos que esse termo seja uma descrição mais precisa.[99] Ela envolve a digitalização do mundo físico através de sensores e dispositivos inteligentes que compilam dados que antes eram difíceis, se não impossíveis, de capturar. Como discutido antes, a capacidade de criar sentido a partir de novos conjuntos de dados levou a muitas aplicações e oportunidades de negócios.

A quarta onda, que começou por volta de 2015, inclui a IA no cenário físico em vez de uma mera digitalização do mundo por software, reunindo efetivamente as três ondas anteriores. Nela, a IA equipa as máquinas com a capacidade de perceber e reagir ao mundo ao seu redor, de se mover intuitivamente e de manusear objetos com a mesma facilidade dos seres humanos. Por exemplo, veículos autônomos "veem" o ambiente ao seu redor, reconhecem placas e tomam a decisão de usar o freio. A IA também conduz robôs em linhas de montagem automatizadas e armazéns, bem como em tarefas comerciais, como lavagem de louça e colheita de frutas.

Além de mostrar as ondas da IA, Lee também deu sua opinião sobre como os EUA e a China têm se saído nessas ondas. A capacidade de acumular e acessar uma enorme quantidade de dados deu uma ligeira vantagem às gigantes da tecnologia chinesa sobre as norte-americanas. Por outro lado, na área de inteligência artificial empresarial, a China está substancialmente atrasada em relação aos EUA devido ao fato de que as empresas chinesas têm sido lentas em adotar aplicações empresariais e de armazenamento de dados. Portanto, a limpeza e estruturação dos dados para o processamento de IA serão processos mais lentos na China. Quanto à IA de reconhecimento, a China está assumindo a liderança porque seus cidadãos estão muito menos preocupados com a proteção de sua privacidade em espaços públicos (e muitas vezes ficam felizes em trocar privacidade por conveniência); portanto, o país consegue coletar e usar uma enorme quantidade de dados. Ainda vamos descobrir quem vai liderar a onda de IA autônoma. Ela pode acabar sendo coliderada pelas duas potências.

Alguns de vocês podem estar se perguntando onde entra a Europa nessa corrida. Infelizmente, de acordo com Lee, a Europa não tem chance de ganhar nem mesmo uma medalha de bronze. Isso porque, apesar de uma forte tradição em fabricação avançada e P&D industrial, a Europa tem apenas alguns dos fatores de sucesso dos EUA e da China. A Europa não foi berço de criação de nenhuma empresa de internet de sucesso, nenhuma rede social popular ou nenhum grande aplicativo móvel. A Europa também não possui um ecossistema empreendedor de capital de risco.[100]

Esses comentários podem ser um pouco duros e injustos ou até mesmo irracionais. Mas, sendo proprietários de uma empresa de IA que opera fora do Reino Unido, descobrimos que mesmo que as empresas de IA estejam prosperando e alcançando excelência em vários lugares da Europa, é impossível descartar essas preocupações.

ACUMULANDO IA: FAANG E BAT

Outro grande obstáculo para o desenvolvimento de soluções generalizadas de IA na Europa e no resto do mundo é que grande parte da tecnologia e do talento está sendo acumulada pelos principais nomes da indústria nos EUA e na China. Essas grandes empresas norte-americanas eram chamadas de GAFA: Google, Amazon, Facebook e Apple. Depois, a sigla foi ajustada para FAANG para incluir a Netflix. Na China, os principais *players* são chamados de BAT: Baidu, Alibaba e Tencent. Essas empresas estão se destacando no espaço de IA e deixando para trás empresas de pequeno e médio porte.

Vejamos um exemplo da vida real. A Whole Foods era uma grande (mas não enorme) empresa de alimentos orgânicos. Tinha uma cadeia de fornecimento, sabia de onde vinham seus alimentos e ganhava dinheiro vendendo um grande volume em todos os lugares dos EUA. A Whole Foods competia com outras empresas com base na qualidade de seus produtos, na localização e no preço. Era um modelo de negócios tradicional.

De repente, a Amazon comprou a Whole Foods.[101] Então, ela pôde impulsionar a empresa com suas tecnologias próprias, como a análise preditiva do comportamento do cliente. Ela reduziu o desperdício resultante do excesso de estoque, e a aprendizagem de máquina ajudou cada loja a determinar exatamente quanto estoque comprar a cada semana.

Essa situação realmente mostra o quão fundamental será para a Whole Foods o uso da análise de dados. Um mar de preferências do consumidor (e suas características comportamentais), além da otimização de sua cadeia de fornecimento, dificultará a concorrência de qualquer outra empresa de alimentos tradicionais.

Esse cenário do mundo real nos leva a perguntar o que aconteceria se a Amazon começasse a pensar em si própria como a próxima grande empresa no setor bancário ou de seguros. Ela conseguiria impactar e perturbar rapidamente os grandes desses setores, dada a enorme vantagem que a aprendizagem de máquina pode trazer a partir da perspectiva de precisão das previsões. Somos diariamente confrontados com notícias de aquisições gigantescas por bilhões de dólares, o que mostra como as empresas que investiram quantidades significativas de seus recursos em tecnologias avançadas podem se dar ao luxo de apostar alto em qualquer indústria, a qualquer momento.

A internet mudou o cenário de como as empresas competem entre si. Antes da era da internet, tínhamos grandes empresas de tecnologia que desenvolviam seus produtos (geralmente físicos) internamente, e era muito difícil de competir com elas. Então, tudo mudou, e vimos o surgimento de gigantes tecnológicas poderosas que podiam competir de qualquer parte do mundo. Vemos empresas extremamente ricas em dinheiro, dada a eficiência de sua estrutura de gastos e ganhos. Em um livro anterior a este, por exemplo, pudemos mostrar como, uma vez que o desenvolvimento da tecnologia transfere ativos físicos para o meio digital, é de se esperar um crescimento exponencial.[102]

Essas empresas investem fortemente em novas tecnologias. As pequenas empresas de IA, cheias de novas ideias e produtos, são adquiridas de forma rápida e incorporadas pelas FAANG e pelas BAT. Uma das principais razões pelas quais não temos visto uma rápida comercialização de soluções de IA, ou sua democratização, é que essas empresas são muito rápidas em aproveitar cada novo desenvolvimento. Como resultado, empresas já grandes e tecnologicamente avançadas estão se expandindo rapidamente e deixando empresas menores e de médio porte cada vez mais para trás. Veremos como essas mesmas empresas estão agora determinando tanto o lado da demanda quanto o lado da oferta de talentos, e como tais talentos estão se tornando mais escassos do que nunca.

Essas empresas maiores estão impedindo o acesso democrático à IA. Quando compram empresas de inteligência artificial, não é para comercializar e distribuir seus produtos; é para direcionar a tecnologia para seu próprio uso. Muitas vezes, as empresas usam novas ferramentas para se aprimorar internamente e garantir que sua produtividade aumente rápido.

Além de tudo, da mesma forma que os varejistas se aprimoram com tecnologia inteligente, a produção também pode ser aprimorada. Os processos que eram apenas mecanicamente automatizados tornam-se preditivos. A produção se torna inteligente e autorregulada, aprende com seus erros e pode reconhecer padrões e fazer previsões. O mesmo que a Amazon faz com o varejo pode ser feito com a produção para criar fábricas inteligentes. A automação é precursora ou pré-requisito para que a aprendizagem de máquina aconteça.

Quando pensamos em coisas como hospitais inteligentes, casas inteligentes, cidades inteligentes etc., temos que ter em mente que tudo isso implica digitalização e automação. É isso que cria o potencial para que esses espaços se tornem uma plataforma de IA através de uma infraestrutura digital. A inteligência artificial pode então se tornar uma prerrogativa. As empresas que se transformam digitalmente são capazes de tirar proveito dessa tecnologia de forma muito mais rápida do que outras empresas, que chegarão por último na corrida.

TALENTO EM PESQUISA É ESCASSO

Normalmente, quando trabalhamos com clientes para construir e integrar a IA em seus negócios, formamos uma equipe de quatro pessoas: um pesquisador, um engenheiro, um gerente de projeto e uma pessoa de controle de qualidade. Contratar uma equipe de quatro pessoas pode ser caro, em grande parte porque essas pessoas, com as habilidades necessárias para realizar esse tipo de trabalho, são raras.

Atualmente, há uma escassez de pesquisadores — pessoas que projetam os modelos de IA com base nas necessidades dos clientes. Não há pessoas suficientes com as habilidades necessárias para construir produtos de IA personalizados para as empresas, e, sendo assim, há uma enorme lacuna entre o desenvolvimento da IA e sua adoção nas empresas.

Dia sim, dia não, você deve ouvir falar de incríveis desenvolvimentos de IA que podem realizar várias coisas sensacionais. No entanto, o custo de adoção da IA continua alto. Mesmo na fase de teste, quando se trata de incorporar essa tecnologia nas organizações, muito trabalho e dinheiro precisam ser investidos. Isso é reflexo, também, da falta de talentos em pesquisa disponíveis no mercado.

Essa escassez ocorre por várias razões. Primeiro, ainda não há graduados com proficiência em IA suficientes por aí. O treinamento de pesquisadores de inteligência artificial leva tempo. As universidades não estão produzindo cientistas da computação com rapidez suficiente para atender à demanda do mercado de trabalho.

Em segundo lugar, os profissionais de IA, com frequência, recebem ofertas de salários mais altos por parte de empresas maiores quando elas localizam esses talentos. Pesquisadores e funcionários de empresas menores estão constantemente sendo contratados por organizações maiores, como as FAANG e as BAT. Há uma guerra por esse capital intelectual humano, que às vezes é travada através de fusões e aquisições. Uma equipe de IA também pode ser adquirida através da compra de uma startup de IA e todos os ativos humanos dentro dela. Desenvolvedores menores recebem ofertas impossíveis de rejeitar, e isso impede o crescimento orgânico de empresas menores de IA.

Essa questão leva a algumas perguntas interessantes sobre o futuro da tecnologia da IA. Talvez os governos precisem adquirir e desenvolver a tecnologia de IA para nivelar o campo de atuação. Caso contrário, eles poderão ser forçados a depender de empresas privadas para atender suas necessidades com tecnologia patenteada, o que leva a todos os tipos de conflitos de interesse. Os países que tiverem condições de implementar a IA irão avançar, enquanto aqueles que a considerarem cara ficarão para trás. No capítulo 6, apresentamos nossos argumentos para justificar por que os governos precisam investir agressivamente em IA e defender seu desenvolvimento.

E AS EMPRESAS PASSAM A AFIRMAR QUE INVESTEM EM IA

Para o campo dos negócios em geral, o Big Data costumava ser a tecnologiachave. A explosão no uso de dados rotulados levou à criação de muitas empresas que prosperaram nos serviços relacionados ao Big Data.

Ultimamente, o Big Data parece ter dado lugar à IA. Depois de atingir o ponto mais alto em 2015, as menções ao termo "Big Data" feitas por executivos de empresas ao falar de faturamento começaram a diminuir, de acordo com uma análise de dez anos de transcrições de teleconferências sobre relatórios de resultados financeiros de mais de seis mil empresas norte-americanas de capital aberto. A IA entrou na consciência corporativa, e o uso do termo disparou desde meados de 2016. No terceiro trimestre de 2017, "IA" e "inteligência artificial" foram mencionadas 791 vezes nas chamadas, um aumento de 25% de um ano para o outro. É um número que abafa as trezentas menções ao "Big Data", pico que ocorreu em 2015.[103]

É compreensível que, para garantir sua sobrevivência econômica, muitas empresas de Big Data estão se reinventando como empresas de IA para entrar nesse nicho atrativo do mercado. É uma opção comercialmente sensata, considerando o apetite crescente em torno de tudo que diz respeito à IA. Cada vez mais empresas estão afirmando que investem em IA, quer realmente o façam ou não. Elas podem não ter as qualificações certas, mas isso não parece detê-las.

Estamos vendo um grande número de empresas no mercado se apresentarem como especialistas quando, na verdade, não são. Não somos os únicos com esse ponto de vista. Um número crescente de empresas sem escrúpulos que vendem mitos relacionados à IA em troca de lucro tem sido observado.[104] Um relatório recém-publicado aponta que até 40% das empresas que comercializam uma imagem de desenvolvedoras de IA não estão realmente desenvolvendo IA; elas só querem tirar proveito do bom marketing que isso traz.[105] Às vezes, da perspectiva dos clientes, é difícil saber a quem recorrer para obter a experiência correta em matéria de IA. Não demorará muito para que o debate entre IA real versus IA falsa surja ou, pelo menos, passe do círculo interno da ecosfera tecnológica para o mundo da opinião pública e dos canais de mídia.

IA SOB MEDIDA

A consultoria de IA, na qual um projeto de IA é pensado e construído para uma empresa em particular, já deveria ser algo popular a essa altura, mas não é. Um sistema de IA deve ser construído do zero e ser altamente personalizado. Mesmo as formas mais simples de IA requerem muito desenvolvimento e, portanto, muito custo.

Atualmente, não há IA pronta para o uso. Pelo menos não no espaço de inteligência artificial empresarial. Claro, há muitos modelos de IA que podem ser baixados de forma gratuita por aí. Sinta-se à vontade. Mas nossa experiência nos diz que eles têm cerca de apenas 30% de precisão para atender às demandas das empresas, muito abaixo do que seria necessário nos ambientes comerciais. Esse é o caso particular de quando lidamos com os dados que não estão estruturados. A configuração genérica desses modelos geralmente requer que seres humanos verifiquem os resultados de saída e retrabalhem a entrada de dados.

No contexto dos negócios, a IA é sobretudo um processo de integração que acontece dentro de um hardware específico, no qual as pessoas armazenam seus dados ou executam seus programas. Quando trabalhamos com empresas, desenvolvemos uma solução, que se torna um código, que é então executado através de um programa. O programa se torna parte de toda uma série de processos integrados diretamente dentro da infraestrutura de um cliente. Dessa forma, a IA com potencial comercial deve ser desenvolvida sob medida.

Como outras tecnologias comerciais, os projetos de IA geralmente começam com uma prova de conceito, ou POC (*Proof of Concept*). Na prática, isso envolve desenvolver um produto minimamente viável para testar a aplicabilidade e maximizar o aprendizado dos requisitos dos clientes. Para construir a POC em um ambiente seguro, os dados usados normalmente não são disponibilizados em tempo real, e o modelo de IA é separado do sistema de TI do cliente.

Uma vez que a POC tenha atingido um nível satisfatório de desempenho, o modelo de IA é, por fim, integrado. Essa é a parte mais trabalhosa e cara. Esse processo é mais fácil se a empresa for grande e tiver equipe própria. Infelizmente, a maioria das empresas não pode mesmo se dar ao luxo de ter equipes dedicadas de TI e tecnologia para lidar com a integração e a implementação. Isso significa um progresso mais lento e mais custoso para colocar a IA em uso.

A DEMOCRATIZAÇÃO DA IA ATRAVÉS DO PODDER.AI

A menos que as questões discutidas antes sejam tratadas de forma rápida, a IA provavelmente continuará, a curto prazo, a ser inacessível para a maioria dos países e empresas. Toda tecnologia deve atingir certo ponto de inflexão antes da adoção generalizada, e a IA atualmente passa por isso. Se houvesse uma maneira de tornar a IA adotável e acessível em larga escala através de uma oferta de soluções de IA em um formato mais amplo que pudesse ser personalizado para necessidades comerciais específicas, isso a levaria para a direção certa. Se a tecnologia de IA fosse mais barata, mais acessível e menos complicada de implementar, seria muito mais fácil para as empresas começarem a adotá-la.

Esses fatores são o que nos impulsiona na Nexus FrontierTech: construir um sistema de IA que possa ser padronizado e utilizado mais prontamente por pequenas e médias empresas, bem como por desenvolvedores independentes de IA. Nosso objetivo de desbloquear o poder da IA para mais pessoas teria que assumir a forma de uma solução *plug-and-play*.* É por isso que desenvolvemos e disponibilizamos o Podder.ai.

Pense nos primeiros dias da internet. A criação de um site era uma tarefa complexa que só especialistas poderiam realizar. Era necessário codificar cada recurso, linha por linha. É difícil acreditar nisso agora, mas era uma tarefa árdua e dolorosa que testou a paciência de muitos desenvolvedores. No tempo presente, tudo isso é feito facilmente com ferramentas de arrastar e soltar, graças a programas como WordPress e SquareSpace. Essas interfaces e plataformas fáceis de manusear mudaram todo o cenário. Desenvolver um site para uma empresa era um serviço caro, mas, agora, os avós de qualquer pessoa conseguiriam montar a própria página na web.

A evolução também deve e vai acontecer com a IA. O objetivo do Podder.ai é oferecer serviços, ferramentas e fluxos de trabalho tanto aos desenvolvedores de IA quanto às empresas, tornando mais fácil o trabalho conjunto. Como mostrado na Figura 12, na prática, o Podder.ai serve como uma espinha dorsal do sistema de aplicações de IA de uma empresa. É uma plataforma de IA em nuvem baseada em contêineres, que tem a flexibilidade de ser hospedada tanto em uma nuvem híbrida

* As tecnologias *plug-and-play* são aquelas que fazem o computador reconhecer e configurar automaticamente qualquer dispositivo que seja instalado. [N.E.]

como em uma instalação física. Uma vez que a arquitetura central fica na nuvem, a plataforma não é um produto físico, mas sim um serviço, levando ao que chamamos de plataforma de IA como serviço, ou AIaaS (*AI platform as a service*).

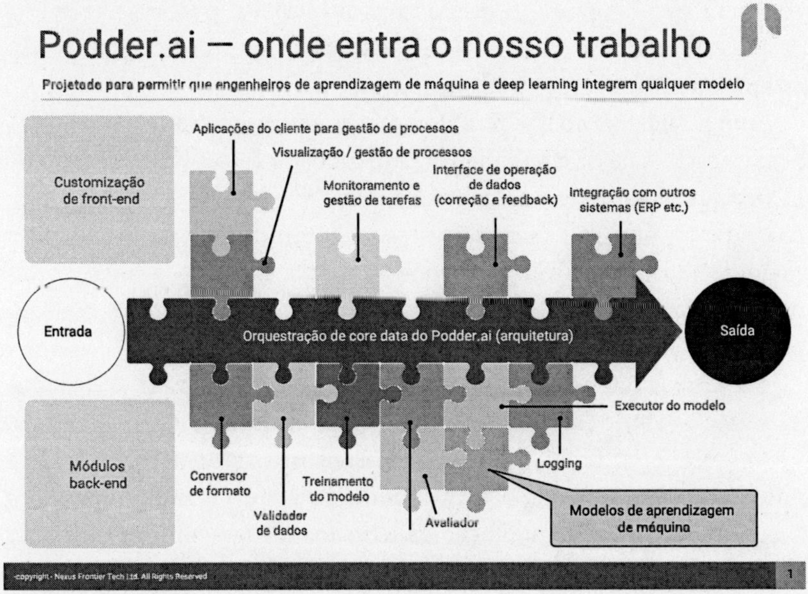

Figura 12: Podder.ai

Por um lado, esse esquema deve ser uma boa notícia para os desenvolvedores e pesquisadores de IA, pois não haverá necessidade de gastar tempo, energia e dinheiro em questões de integração, liberando-os, assim, para se concentrarem nos modelos de IA a serem construídos para seus clientes. Naturalmente, todo código que eles escrevem para seus modelos é ocultado e protegido de seus clientes. Por outro lado, as empresas que pretendem aumentar e atualizar suas capacidades de IA ao longo do tempo descobrirão que o Podder.ai lhes permite trabalhar com diferentes desenvolvedores para criar aplicações de IA com a finalidade de atingir objetivos comerciais específicos. Elas não terão que se preocupar com os problemas que podem surgir da integração das aplicações recém-desenvolvidas com os sistemas de TI e outras aplicações existentes.

Para nós, há apenas duas maneiras de democratizar a IA: ou os governos tomam a frente do desenvolvimento e promovem a redistribuição para mais lugares (o que é improvável), ou precisa haver um movimento de base para que a IA se torne um produto, como o que estamos fazendo com o Podder.ai.

Sem dúvidas, ainda há muitas questões que precisam ser superadas para que a IA seja de fato benéfica para todos. A IA continuará a refletir os preconceitos inerentes daqueles que a programam, por exemplo. No entanto, permitir que mais pessoas façam o trabalho de IA com maior facilidade envolveria, inevitavelmente, mais pessoas de diferentes culturas, cores, religiões e orientações sexuais. Isso seria um começo para a redução de vieses nos dados.

Há curiosidade sobre a IA em todos os lugares, mas aplicações mais gerais ainda não se tornaram uma realidade na última década. Entretanto, com mais organizações transformando suas produções não digitais em digitais, provavelmente será apenas uma questão de tempo até que a implementação da IA se torne mais comum. Como as empresas podem fazer isso é o que vamos abordar no próximo capítulo.

CAPÍTULO 5

APLICAÇÃO DA IA NOS NEGÓCIOS

Por um tempo, o Big Data foi a grande tendência da qual todos queriam fazer parte. Tradicionalmente, se uma empresa tem muitos dados, ela estará em vantagem em relação à concorrência pela simples razão de possuir mais recursos para capitalizar tanto a internet quanto a IA empresarial. Muitas pessoas consideravam os dados como "o novo petróleo"[106] ou "o novo carvão",[107] no sentido de que eles são as fontes de energia para a maioria das atividades, se não de todas. Ao olhar para empresas como o Facebook, que têm montanhas de dados, presume-se que isso é algo que impulsiona um negócio. Há alguma verdade nisso porque, com mais dados, é mais fácil criar mais efeito.

A Figura 13 mostra uma visão panorâmica de como o Big Data pode liderar nossas tomadas de decisão. Uma observação importante é que os dados coletados antes do advento da IA de reconhecimento são em sua maioria compostos por texto. É óbvio que deter uma grande quantidade de dados é muitas vezes visto como a chave para o sucesso do negócio.

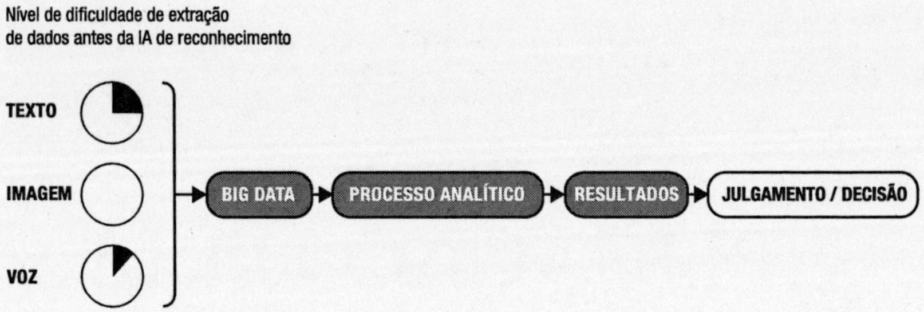

Figura 13: Big Data — visão panorâmica

Como já mencionado, a IA substituiu o fenômeno Big Data como a sensação do momento. Ainda assim, muitos veem os dados como um componente crítico da IA. Isso é compreensível, pois um grande cache de dados é frequentemente considerado um pré-requisito para a implementação da IA — as máquinas precisam consumir muitos dados durante o processo de aprendizagem. Mas os dados são apenas um dos ingredientes para implementar a IA em um negócio. Há outros fatores humanos e organizacionais que também devem ser levados em conta. É fácil pensar que a proeza tecnológica é a chave para o sucesso na construção de um projeto de IA e que o resto desempenha apenas um papel coadjuvante. No entanto, em nossa experiência, o inverso é mais verdadeiro. Não há dúvida de que a tecnologia básica tem que funcionar no nível esperado, mas os fluxos de trabalho e processos correspondentes devem ser alterados adequadamente para permitir que a tecnologia proporcione o máximo de benefícios. O conjunto da obra precisa funcionar coerentemente para que um sistema de IA atinja a eficiência.

É fácil falar sobre IA em termos do que ela é capaz de fazer em uma escala abstrata, mas quando se trata de integrar a tecnologia em sua estratégia de negócios, as coisas podem ficar confusas. Os empreendedores são lentos e cautelosos com relação à IA, em parte devido à falta de especialistas, discutida no último capítulo, mas também por causa da falta de compreensão adequada e dos custos.

Uma das principais questões que vêm com a aplicação da IA aos negócios é que a maioria das pessoas tem conceitos fundamentais errôneos sobre o que a tecnologia consegue ou não fazer. Há alguns empregos que podem ser substituídos pela IA, e outros que simplesmente não podem. Ao definir as tarefas, é preciso ser extremamente objetivo e claro sobre o que se espera que a IA faça.

Criamos cinco pontos de ação a serem considerados no momento de determinar suas necessidades de IA:

1. Ser específico
2. Pesar o risco
3. Ajustar a "*last mile*"
4. Considerar que menos dados pode significar mais eficiência
5. Fazer a lição de casa necessária

Todos esses são pontos importantes para melhorar as chances de sucesso de sua empresa ao adotar e implementar a IA.

1: SER ESPECÍFICO

Muitas empresas abraçam a ideia de IA sem fazer o esforço de encontrar um objetivo claro para empregar novas tecnologias. Muitas pessoas imaginam a IA como uma solução mágica para as questões sociais e empresariais. Como mencionado anteriormente, os políticos são muitas vezes os mais inclinados a depositar toda a sua fé em tecnologias precisas projetadas para enfrentar e eliminar problemas sociais. Essa é, obviamente, a maneira errada de abordar qualquer mudança importante.

Se você tiver apenas uma visão abstrata ou holística do que espera que a IA possa fazer por seus negócios, prepare-se para se decepcionar. As pessoas que tentam lhe vender inteligência artificial como estratégia estão apenas empurrando um golpe, simplesmente porque não há nenhuma tecnologia de inteligência artificial que vai reinventar os objetivos estratégicos de sua empresa. Temos visto artigos escritos por consultores afirmando que as empresas devem pensar em implantar sistemas de inteligência artificial para construir estratégias comerciais (presumivelmente através da contratação de seus serviços). Tal afirmação faz muito pouco sentido por duas razões. Primeiro, só porque você descobriu uma tecnologia nova e brilhante não significa que deve revisar completamente a direção, o propósito ou as principais funções de sua empresa. Além disso, a IA, neste momento, é mais eficaz para lidar com circunstâncias muito específicas e bem definidas.

É importante restringir seu escopo ao pensar no que você gostaria que a IA fizesse pelo seu negócio. Também é primordial que você saiba o objetivo comercial exato que deseja alcançar. Reduzir o tempo de processamento de documentos pela metade é uma meta clara que a IA pode alcançar; usar a IA para recrutar as pessoas certas ou para vender mais para os clientes é um pouco amplo e precisa de mais foco e refinamento.

Uma maneira de pensar sobre isso é mostrada na Figura 14. A estratégia de uma empresa só é coerente e eficaz quando várias atividades adequadamente projetadas estão trabalhando juntas (por exemplo, diferentes partes de uma cadeia de valor). Essas atividades, por outro lado, são constituídas por diferentes funções que as pessoas realizam. Os trabalhos que a maioria de nós faz envolvem uma série de tarefas. Fazemos um bom trabalho, completando-as de forma correta e em tempo hábil.

Considerando que a máquina atual e os sistemas de aprendizagem profunda só podem fazer bem uma tarefa (por exemplo, se ela for projetada para reconhecer rostos humanos, não pode identificar mais nada), é muito melhor pensar em termos de tarefas que a IA pode assumir. Essa é também a razão pela qual as máquinas, na maioria dos casos, só eliminarão *parcialmente* nossas funções, a menos que o trabalho seja composto de apenas uma tarefa substituível por uma máquina.

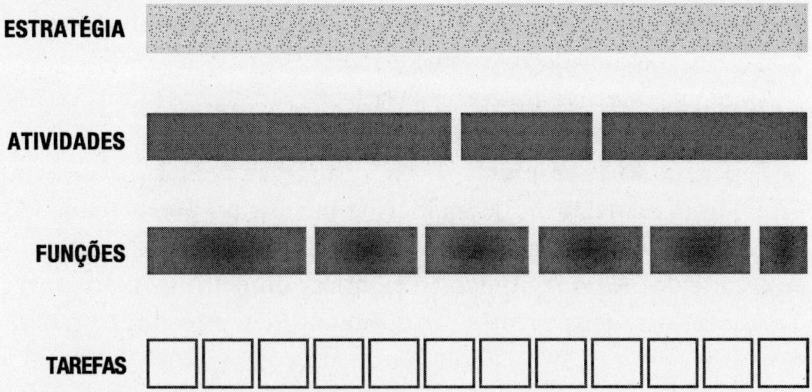

Figura 14: Estratégia, atividades, funções e tarefas

Por exemplo, se seu negócio for um banco, seria um salto enorme substituir representantes de atendimento ao cliente por máquinas de IA. Servir clientes é uma função, não uma tarefa; em termos de avanços tecnológicos, não chegamos tão longe ainda. Entretanto, você poderia usar a IA para fazer muitas outras tarefas, como analisar perfis de clientes para recomendar os produtos financeiros corretos ou digitalizar e processar documentos.

Muitos bancos exigem documentos oficiais de identificação para aceitar novos clientes. A IA pode ser treinada para localizar informações como endereços e datas de emissão e nascimento nos documentos apresentados, mesmo que eles estejam em formatos diferentes (por exemplo, extratos bancários variam muito). A IA é boa em melhorar áreas nas quais os seres humanos tendem a cometer erros (potencialmente caros). O chamado "dedo gordo" — entrada de teclado errada ou clique errado de mouse — fez a Samsung emitir acidentalmente ações no valor de cerca de 105 bilhões de dólares para mais de dois mil funcionários que faziam parte de seu programa de acionistas. Eles tinham direito a receber um dividendo totalizando dois bilhões de *wons* coreanos, mas, em vez disso, foram erroneamente emitidos dois bilhões de ações.[108] Por volta da mesma época, o Deutsche Bank inadvertidamente transferiu 28 bilhões de euros para uma de suas contas externas devido ao mesmo erro.[109]

Diminuir os erros e acelerar esses trabalhos cansativos são aplicações de IA que trarão benefícios econômicos. A implementação de IA, nesse caso, permitiria às empresas cortar custos e aumentar a eficiência. Essa é uma maneira muito melhor de investir no potencial da IA. Gastar rios de dinheiro para construir um representante de atendimento ao cliente de IA pode ou não economizar dinheiro a longo prazo, dependendo se seus clientes vão aceitar ou não interagir com uma máquina.

É neste ponto que sempre recomendamos que nossos clientes comecem sua relação com a IA: usando-a como uma ferramenta para reduzir tarefas dispendiosas e de mão de obra intensiva. É muito mais fácil estabelecer e atingir o retorno esperado do investimento por meio de uma redução de custos do que usar a IA com o propósito de expandir a receita. Comece a fazer um brainstorming desse tipo de tarefa, especialmente se os resultados da mudança forem facilmente mensuráveis. Defina métricas concretas que o ajudarão a atingir seu objetivo. Usar a IA para melhorar a precisão e a velocidade em áreas de negócios que exigem trabalho intensivo não apenas gera bons frutos, como também cria evidências para orientar os próximos aumentos em capacidade de IA em sua empresa.

2: PESAR O RISCO

Quando se trata de IA, seres humanos terão que abrir mão da ideia de controle absoluto. Uma vez implementada a IA em seu negócio, é necessário entender o espaço que ela ocupa: há algumas coisas pelas quais você será responsável e outras que você precisa deixar para as máquinas.

Um dos maiores problemas que as pessoas têm com a inteligência artificial é a ideia de deixar as máquinas tomarem decisões por nós. Pode parecer assustador, mas não tem que ser uma questão de tudo ou nada. Se as decisões forem menores e a máquina provar sua precisão, você poderá se sentir confortável em deixá-la continuar de forma autônoma.

Se as decisões tiverem grandes repercussões, então você provavelmente vai querer delegar pessoas para tomá-las, tendo o auxílio da IA na parte do processamento de dados. Deve haver equilíbrio entre os benefícios de aliviar a carga do processo de tomada dessas decisões e os riscos de erro (é claro, seres humanos também não estão imunes a erros).

Algumas seguradoras de automóveis têm usado a IA para avaliar os danos causados por acidentes de carro. Os clientes tiram fotos de seus veículos, enviam, e a IA pode apresentar estimativas de custos de reparos específicos do dano muito mais rapidamente do que os avaliadores tradicionais. Como resultado, provavelmente veremos cada vez menos avaliadores de sinistros (e outros funcionários das seguradoras) no futuro, mas eles não desaparecerão por completo. A tomada de decisões feita pela IA funciona bem quando os montantes pagos são pequenos; avaliação de danos maiores geralmente requerem intervenção humana. As seguradoras terão que se sentir confortáveis com a margem de prejuízo resultante dos riscos de deixar uma máquina tomar a decisão versus o ganho de eficiência e redução de custos.

A IA está sendo gradualmente adotada por escritórios de advocacia para trabalhar em contratos e acordos padronizados. As oportunidades são enormes. Em vez de um advogado levar duas horas para redigir novamente contratos padrão com várias especificações, as máquinas podem agilizar o processo para produzir cinco contratos desse tipo no mesmo espaço de tempo. O risco aqui é que se uma máquina cometer um erro, pode causar um litígio. Portanto, mesmo que a precisão seja de 99,6%, essa margem de erro de 0,4% pode não ser boa o suficiente, pois as perdas associadas podem ser enormes. Portanto, a geração de contratos não deve ser competência exclusiva da IA; os humanos ainda precisam verificar o produto final antes de mostrá-lo aos clientes, além de entender e se sentir confortáveis com os riscos associados.

Decidir quando seres humanos são necessários e renunciar ao controle sobre o que as máquinas podem cuidar é uma parte grande da implantação da IA nas organizações.

3: AJUSTAR A "*LAST MILE*"

Esse conceito se baseia na seção anterior. Um termo amplamente utilizado nos setores de telecomunicações, a "*last mile*", ou "última milha", refere-se à última etapa das redes de telecomunicações que entregam o serviço aos clientes finais. Atualmente, a cadeia de abastecimento e o setor de transporte utilizam o termo para descrever a movimentação de produtos que saem dos grandes terminais de mercadorias ou portos em direção a seus destinos finais, tais como lojas, restaurantes, outros negócios etc.

A forma como uma empresa lida com a última milha é uma parte especialmente estratégica do negócio. Imagine sair de um longo voo. Para chegar ao destino final, a escolha costumava ser entre táxis caros, ou pelo menos uma viagem de trem ou ônibus, se não ambos. É por isso que, para muitas pessoas, serviços como Uber e Lyft podem tornar a última milha muito mais fácil, melhorando a experiência geral de toda a viagem.

De maneira semelhante, a *last mile*, para nós, refere-se à ideia de que, mesmo que 99% de um trabalho seja automatizado, sempre haverá 1% que precisa ser tratado por seres humanos. Há três razões pelas quais é importante pensar com cuidado na última milha e como ela deve ser devidamente integrada aos fluxos de trabalho e processos.

Primeiro, precisamos criar uma segurança contra falhas humanas. A IA desencadeou o debate sobre o que a tecnologia pode alcançar e qual será o potencial papel dos humanos nos trabalhos que desenvolveremos no futuro. A tecnologia pode agregar e nos ajudar a chegar a uma precisão de 100%, atingindo desempenho ideal. Neste momento, entretanto, mesmo a melhor tecnologia de IA para tarefas simples não produziria sozinha uma perfeita precisão. Ainda precisamos de um fluxo de trabalho projetado em torno de uma inevitável intervenção humana.

Para os contratos legais padronizados mencionados antes, os escritórios de advocacia ainda precisariam de uma equipe para verificar a qualidade da produção da máquina. Mesmo para os pedidos de seguro mais simples, ainda pode valer a pena ter uma pessoa para verificar os detalhes do pagamento. Outro exemplo são os empregos em aeroportos que foram modificados ou alterados à medida que a tecnologia avançou. Tomemos como exemplo o controle de passaportes na Europa e nos EUA. Nesse caso, nem sempre um funcionário da alfândega será necessário para verificar cada passaporte. Em vez disso, a IA digitaliza o documento, e se a máquina não o aceitar, então uma pessoa assume o controle para inspecioná-lo. Agora imagine o contrário: você está tentando entrar em um país, mas a máquina rejeita seu passaporte e não há um funcionário da alfândega disponível para examiná-lo. Isso o deixaria em uma situação impossível. Vemos também essa responsabilidade compartilhada no caso de terminais de autoatendimento em supermercados e farmácias. Há sempre a necessidade de um funcionário humano para supervisionar as máquinas e auxiliar os clientes.

Todos esses são exemplos de trabalhos altamente repetitivos cuja natureza é transformada para reduzir a carga de trabalho dos seres humanos. Não se trata de fábricas escuras que funcionam inteiramente por conta própria, desde a automação inteligente até sensores de luz movidos a IA; são funções voltadas para o cliente. É por isso que ainda precisamos de algum tipo de participação humana.

A segunda razão é que, embora certas coisas possam ser automatizadas, ainda há muitos empregos que precisam ser deixados para os humanos, para o próprio bemestar dos setores. Por exemplo, os hotéis são um setor de serviços que depende principalmente da experiência do cliente. Um bando de robôs impessoais que verificam as pessoas e cuidam de suas necessidades não vai produzir o mesmo efeito caloroso que os membros de uma equipe humana podem produzir. Em uma conversa recente, Mark soube que um grande grupo hoteleiro nos Emirados Árabes Unidos introduziu um checkin em hotel usando apenas robôs, e os hóspedes os ignoraram completamente. As pessoas preferiram esperar na fila para fazer o check-in com um ser humano em vez de usar o robô. Tente, por exemplo, pedir a um robô para fazer um upgrade de acomodação. Por uma variedade de razões culturais, a mesma tecnologia que funciona nos aeroportos não se traduz em hotéis.

Em terceiro lugar, há tarefas que são simplesmente impossíveis para as máquinas. Você já se perguntou por que, depois de ter impresso seu cartão de embarque em uma máquina, você ainda precisa interagir com uma equipe para fazer o check-in de sua bagagem? Essa pergunta intrigou Terence por muito tempo. Então, um dia ele decidiu descobrir o porquê, perguntando ao atendente atrás do balcão. A resposta acabou sendo muito simples: seu trabalho é associar a mala certa ao passageiro certo. E é isso. Pode-se presumir que, caso contrário, qualquer um poderia enviar qualquer mala em qualquer voo.

Alguns de nossos leitores podem ter tido uma experiência diferente. Quando Mark e Terence passaram por um terminal novo de um aeroporto de Cingapura, não precisaram interagir com nenhuma equipe humana para fazer o check-in de suas malas. Em vez disso, eles deixaram suas malas em uma máquina semelhante a um túnel e escanearam seus cartões de embarque nela. Depois disso, suas malas foram transportadas esteira adentro. Pode parecer que seres humanos não foram utilizados nesse trâmite, mas não é verdade. O que esse novo processo fez foi transferir a tarefa anteriormente conduzida pelo pessoal do aeroporto para os passageiros, nesse caso, para os pobres Mark e Terence. Os seres humanos ainda são necessários.

Há sempre uma pequena lacuna que os robôs não conseguem preencher, e precisamos ter seres humanos trabalhando com eles para fazer as coisas. A última milha é um grande argumento para a política de intervenção, de modo a garantir a manutenção dessa postura em relação à importância das pessoas. Essa ideia também demonstra que, ao mesmo tempo em que as máquinas estão tirando certos empregos das pessoas, também estão criando outras oportunidades que não existiam até então. Precisamos criar um ambiente amigável, onde seres humanos trabalhem ao lado dos robôs, em posições de gestão e direção.

4: CONSIDERAR QUE MENOS DADOS PODE SIGNIFICAR MAIS EFICIÊNCIA

Dados e IA têm uma conexão histórica. Sempre foi dada muita ênfase ao valor de adquirir e acumular dados. A maioria das empresas acredita que precisa de muitos dados para começar, o que é verdade em muitos aspectos, se você estiver procurando treinar um modelo ou máquina. O Big Data também permite que as pessoas obtenham muitos insights a partir de conjuntos de dados enormes. Muitas pessoas acreditam que, se tiverem dados suficientes, podem criar uma "muralha de dados" — uma vantagem competitiva obtida pelo uso de dados proprietários — usando grandes conjuntos de dados para estar à frente dos rivais.

No entanto, a ideia de "quanto mais dados, melhor" é uma concepção errônea. Quando se trata da quantidade de dados necessária para criar uma vantagem competitiva, isso depende do que exatamente se está tentando fazer.

DE QUANTOS DADOS VOCÊ PRECISA?

Há três limites a se considerar ao decidir o que e o quanto os dados realmente podem fazer por você. Essa é a razão pela qual a analogia do petróleo é falha. Os dados não são o novo petróleo.[110]

O primeiro limiar diz respeito ao desempenho algorítmico mínimo, ou MAP (*minimum algorithmic performance*). É como o conceito de um produto mínimo viável (MVP – *minimum viable product*), quando as empresas tentam criar a versão mais básica de um novo produto a ser testado antes de seguir adiante. Não há necessidade de perder tempo com detalhes. O foco está em demonstrar o desempenho das funções mais importantes. Nessas situações, as pessoas lançam um MVP para deixar os potenciais clientes decidirem se é bom ou não e coletar feedback sobre onde as melhorias devem ser feitas. Para a IA, a mesma analogia pode ser traçada; é necessário entender o nível mínimo de precisão que será necessário para atingir o objetivo designado. Isso é descrito como o limiar do MAP.

Quando se trata de coisas como conseguir máquinas para ler contratos e raios X, você provavelmente vai querer que o MAP seja o mais alto possível. Resultados de baixa precisão tornam o algoritmo inútil (por exemplo, falha na detecção de agentes cancerígenos em imagens de raios X), se não perigoso (por exemplo, litígios resultantes de erros em contratos). Nesses casos, ter mais dados poderia melhorar a precisão.

Por outro lado, há situações em que o baixo MAP é inofensivo e bom o suficiente para fazer o trabalho. Por exemplo, as sugestões preditivas que são dadas quando você envia mensagens do seu celular ou do Gmail. Quando o sistema completa as frases da maneira que desejamos, é uma bênção. Quando não sugerem as palavras certas, não nos importamos nem um pouco; apenas continuamos a digitar. O palpite errado da máquina não importa muito. Ter muitos dados nesse caso não enriquece drasticamente os resultados ou a experiência do usuário.

A segunda consideração é o limite de desempenho. Enquanto há momentos em que não é necessário haver 100% de precisão para resolver todos os problemas, outras vezes, os problemas podem ser complexos demais para que uma máquina possa resolver mesmo com precisão perfeita. Nesse caso, não importa a quantidade de dados; isso não ajudará você a atingir os objetivos. Por outro lado, há momentos em que a tarefa é definida e direta o suficiente para que seja possível alcançar uma precisão próxima de 100%, mesmo com um pequeno conjunto de treinamento. O modelo de carteira de motorista no Reino Unido é um bom exemplo. Como ela tem um formato padronizado em todo o país (ao contrário dos EUA), podemos facilmente treinar uma máquina para extrair dados dela sem recorrer a uma grande exigência de dados. A mesma categoria de dados está sempre no mesmo local da carteira e as duas datas são facilmente distinguíveis — a data mais antiga deve ser a data de nascimento e a mais recente é a data de emissão. Nesse caso, é bastante simples conseguir uma precisão próxima de 100%. Se pudermos alcançar esses resultados usando conjuntos de dados relativamente pequenos, então alcançamos o limiar de desempenho de que precisamos.

A terceira consideração é o limiar de estabilidade. Os modelos de máquinas se deterioram com o tempo porque os conjuntos de dados evoluem e se tornam desatualizados. Digamos que você vende eletrodomésticos e utensílios de cozinha online. Você tem muitos dados sobre esses itens, mas, para decidir vender algo mais, como lençóis e toalhas, os conjuntos de dados que você já tem não serão mais úteis. Não importa o tamanho do conjunto de dados anterior, ele não funcionará mais. A quantidade de dados não é tão importante quanto sua relevância para o problema que precisa ser resolvido. Esse limiar é uma consideração importante para veículos autônomos. Os dados de carros previamente treinados podem tornar o veículo inteligente o suficiente para lidar com todas as eventualidades futuras? Reforçamos que a grande quantidade de dados coletados não leva a um desempenho melhor, nem mais seguro. Quantidade não é o mesmo que qualidade.

QUALIDADE ACIMA DE QUANTIDADE

Ter muitos dados nem sempre cria vantagem competitiva, da mesma forma que apenas um pequeno conjunto de dados não significa desvantagem competitiva. Por exemplo, há um cliente nosso do Japão, que vende móveis. Um dos maiores desafios das lojas de móveis é que as pessoas não compram móveis todos os dias, aliás, nem todos os anos. Como são compras ocasionais, isso impedia que nosso cliente captasse muitos dados de clientes repetidos. Ele nos pediu que o ajudássemos a encontrar uma maneira de dar recomendações relevantes aos compradores on-line, como a Amazon faz. Ele queria incorporar pequenos lembretes de que, se o cliente estiver interessado em uma cadeira, também pode se interessar pelo sofá correspondente, ou por uma poltrona do mesmo estilo.

O desafio era ensinar a IA a fazer essas recomendações sem muitos dados. A Amazon obviamente tem milhões de clientes e uma década de informações de compra para dar embasamento a essas recomendações. Como a base de clientes desse comerciante japonês é muito menor em comparação à da Amazon, decidimos fazer uma pesquisa entre os clientes que ele tinha sobre suas preferências. Poderíamos usar esse conjunto de dados menores para treinar a IA para fazer recomendações eficazes. Embora a empresa dele não possa atingir o nível de eficácia desfrutado pela Amazon, acreditamos que, mesmo com um conjunto bem pequeno de dados, conseguimos fazer com que o sistema de recomendações fosse 70% tão bom quanto o da gigante do varejo.

O fato é que as tecnologias de IA de hoje avançaram o suficiente para poder alcançar objetivos que excluem a necessidade de muitos dados. Em muitos aspectos, o que importa mais (na verdade, muito mais) não é possuir muitos dados, mas sim os dados certos. Os modelos de IA só podem atingir os objetivos desejados se forem alimentados com o tipo certo de dados. Como exemplo, imagine que estamos construindo um algoritmo de reconhecimento de imagem que pode identificar rostos asiáticos somente com base na cor da pele em uma comunidade multiétnica, na qual os membros têm, digamos, um total de dez tons de pele diferentes (na prática, a IA se baseia mais nas características particulares, como a distância entre os olhos e o formato do nariz, além dos tons de pele, para reconhecer o rosto).[111] A chave para treinar o algoritmo e aumentar a precisão não está em ter muitos *data points*: dez mil imagens para apenas oito dos dez tons de pele nunca permitirão que o modelo esteja totalmente sintonizado com os dez tons diferentes de todo o espectro de cores. Ele não conseguiria de forma alguma reconhecer os outros dois tons de pele aos quais não foi exposto.

Nesse caso, em vez de empurrar irrefletidamente cerca de oitenta mil imagens para um algoritmo, seria muito mais eficaz e útil treinar a máquina alimentando-a com imagens que cobrissem todos os dez tons de pele, mesmo que houvesse apenas cem imagens disponíveis para cada tom. Em suma, ter um conjunto de dados pequeno, mas representativo, é definitivamente melhor. A IA nunca funcionará conforme o esperado se receber um conjunto de dados considerável, mas tendencioso ou incompleto. O tipo certo de dados sempre ganha.

O resumo dessa discussão é que é possível alcançar bons resultados com quantidades limitadas de dados. O uso de conjuntos de dados limitados para fazer previsões precisas está sendo aprimorado todos os dias. Essa ideia acaba com a concepção do Big Data como sendo o novo petróleo. É um argumento que só funciona para as eras da IA para internet e da IA empresarial, nas quais possuir grande quantidade de dados de texto é benéfico. Hoje em dia, porém, com a

IA de reconhecimento, uma variedade muito maior de dados, como imagem e voz, pode ser compilada de forma bastante eficaz. A Figura 15 mostra uma versão da Figura 13.

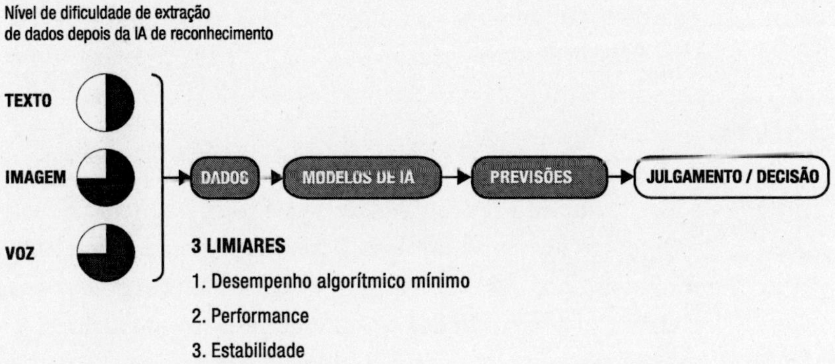

Figura 15: IA — visão panorâmica

Uma observação interessante é que as tecnologias atuais permitem que as máquinas reconheçam imagens e vozes de forma que já ultrapassa a habilidade de processamento de texto. Entretanto, isso não significa que as máquinas sejam incapazes de trabalhar com linguagem natural e texto. De fato, a evolução nessa área tem se movimentado de maneira muito rápida. Em alguns aspectos, a IA está efetivamente democratizando a extração de dados.

ALTERNATIVAS AO BIG DATA

De fato, novas técnicas estão sendo desenvolvidas para compensar as incapacidades na coleta de dados. Mencionaremos aqui brevemente duas delas.

Um desenvolvimento tardio em *deep learning* são as redes adversárias geradoras, ou GAN (*Generative Adversarial Network*). Esses sistemas são arquiteturas de redes neurais profundas que são compostas por duas redes, colocando uma contra a outra (daí o termo "adversárias"). Uma delas é chamada de geradora porque gera novas instâncias de dados. A outra, chamada de discriminadora, avalia os dados quanto à autenticidade. A discriminadora deve decidir se cada instância de dados que examina pertence ao conjunto de dados de treinamento real ou aos dados falsos produzidos pela rede geradora. Resumidamente, um dos maiores benefícios que as GAN podem proporcionar é a construção de dados sintéticos. Em outras palavras, podemos usar a aprendizagem profunda para criar novos dados para treinar outras redes de aprendizagem profunda, compensando, dessa forma, a falta de dados.

Outro desenvolvimento na IA que auxilia conjuntos de dados limitados é algo chamado "aprendizagem por transferência". Nessa abordagem, obtemos um modelo de rede neural projetado para uma tarefa e o redirecionamos para uma segunda tarefa. Dispositivos como Alexa e Siri requerem determinados comandos para serem ativados. O problema é que as máquinas precisam conseguir detectar as palavras de comando faladas em diferentes sotaques e tons. Daria muito trabalho encontrar pessoas diferentes e gravá-las dizendo "Alexa" ou "Siri".

Uma maneira de superar esse desafio aparentemente intransponível é não treinar as máquinas para entender as palavras de comando. Em vez disso, o que agora é possível é treinar o sistema para aprender a linguagem falada usando dados já existentes. A palavra de comando é introduzida apenas na última camada da rede neural profunda. Nesse caso, a falta de dados não é um fator inibidor para o desenvolvimento de modelos de IA.

5: FAZER A LIÇÃO DE CASA NECESSÁRIA

Não podemos enfatizar o suficiente que a IA só pode realizar tarefas muito específicas e bem definidas. Devido a essa especificidade, se quiser colocar a IA para uso efetivo, você precisa ter certeza de que sabe exatamente qual objetivo está tentando alcançar, como sugerido na regra "ser específico". Faça sua lição de casa.

Muitas vezes, os clientes com quem lidamos não sabem o que querem ou têm apenas uma ideia abstrata de um objetivo em mente. Eles sabem que querem reduzir custos, mas não sabem como fazer isso. A IA não é construída para servir a propósitos abstratos. É preciso saber exatamente o que se quer para obter um modelo que ajude. E essa é uma pergunta que só você pode responder.

Mas esse é apenas um ponto de partida. Em seguida, você deve tirar um tempo para mapear seus fluxos de trabalho e processos atuais. Isso porque, como mostrado na Figura 16, a tecnologia deve ser apoiada pelos fluxos de trabalho e processos corretos para maximizar seu potencial. Por sua vez, os fluxos de trabalho e processos devem ser apoiados por uma equipe tanto de gestão quanto de TI.

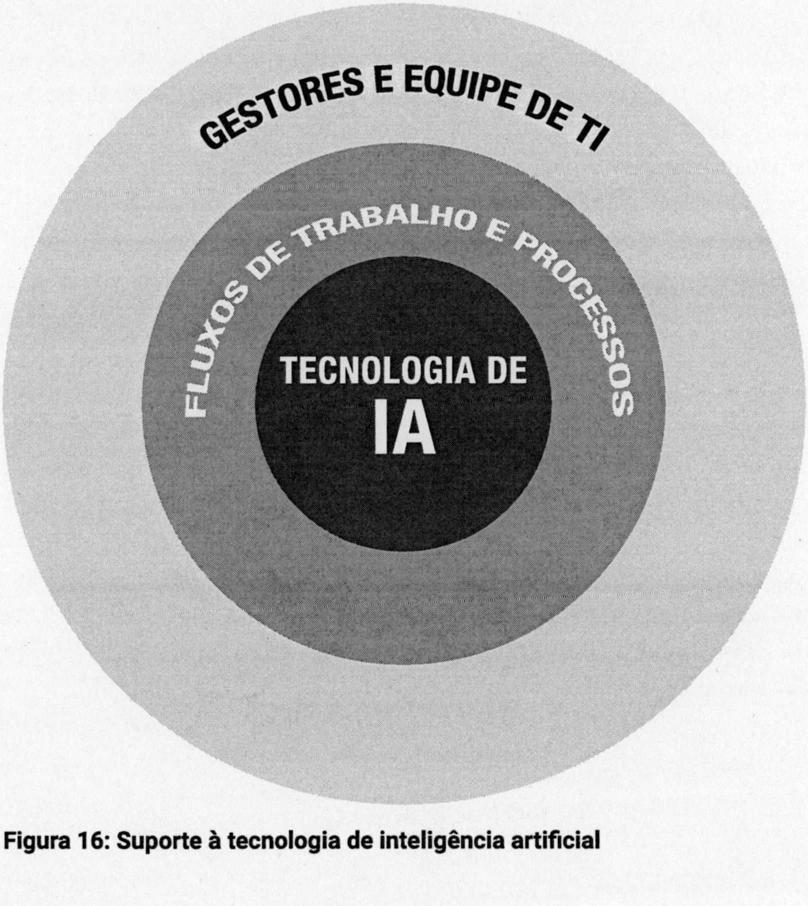

Figura 16: Suporte à tecnologia de inteligência artificial

Pode parecer que estamos constatando o óbvio, mas você ficaria surpreso com a quantidade de vezes em que os clientes perdem o entusiasmo quando pedimos que eles mapeiem seus processos e nos digam o que exatamente querem melhorar. De fato, após determinar quais tarefas podem ser resolvidas pela IA, é necessário criar um novo conjunto de processos e fluxos de trabalho para acomodar e encaixar a tecnologia recémdesenvolvida em vigor.

Recordemos nossa discussão anterior sobre como humanos e máquinas tendem a ser melhores quando trabalham juntos. Imagine uma situação em que uma empresa começou a usar a IA para ler e processar documentos. No entanto, ela não estabeleceu previamente os fluxos de trabalho que colocariam uma equipe humana para a etapa de *last mile*, para verificar os resultados de saída. Por mais que a máquina funcione perfeitamente, a empresa não estará colhendo todos os benefícios do investimento na tecnologia. As tecnologias devem ser amparadas por seres humanos para funcionar bem.

É fácil ser dominado pelas inúmeras possibilidades da tecnologia de IA. Muitas empresas cometem o erro de pensar muito grande. Elas generalizam demais e exageram o impacto que a IA poderia ter em suas empresas. A IA é mais eficaz em circunstâncias estreitas, bem definidas e específicas, e quando complementada pelo suporte correto.

Ao usar uma abordagem de IA em sua empresa, é importante permanecer alicerçado nos objetivos e missões do seu negócio. A IA não pode definir ou substituir sua estratégia de negócios. Usar a inteligência artificial só por usar não é útil nem rentável. Mas empregá-la estrategicamente para ajudar a alavancar seu negócio pode ser uma bênção.

PARTE III

O IMPACTO DA IA

CAPÍTULO 6

COMO OS GOVERNOS DEVEM SE PREPARAR PARA A INTELIGÊNCIA ARTIFICIAL

Muitas empresas e instituições não estão preparadas para o crescimento da IA, mas os governos podem estar menos preparados ainda. Embora a IA exista de alguma forma há várias décadas, os principais governos do mundo têm estado, em sua maioria, em silêncio. Nesse cenário, a IA se tornou competência de empresas gigantes com fins lucrativos, na medida em que a indústria é conduzida quase que inteiramente pelo setor privado.

Essa lacuna crescente levanta uma série de questões éticas sobre o futuro da IA. Acreditamos que os governos têm a responsabilidade de se tornar parte desse diálogo para fomentar as relações entre os setores público e privado e preparar os cidadãos para as consequências dos novos desenvolvimentos da inteligência artificial. Os países cujos governos se recusam a tomar partido nesse processo correm o risco de perder competitividade no mercado mundial, sobretudo à medida que a IA se torna cada vez mais precisa e avançada.

Este capítulo destacará os países que estão conseguindo avançar nesse campo, os obstáculos de implementar a IA no mercado de trabalho, como ela pode ter impacto na desigualdade social e a potencial criação de uma classe "inútil". Embora a IA tenha capacidade para ser uma ferramenta notável de mudança e inovação, há muitas possíveis armadilhas que precisam ser consideradas e superadas com a ajuda dos governantes.

GOVERNOS RETICENTES

Há várias razões para que muitos governos ainda não tenham enfrentado os desafios impostos pela inteligência artificial.

Por natureza, as burocracias governamentais são mal concebidas para lidar com os desafios das novas tecnologias. Elas não conseguem reagir à inovação com a rapidez necessária e lutam para se adaptar às mudanças e legislar sobre novos modelos de negócios. Isso é complicado pelo fato de que a IA não é um modelo de negócios, mas uma ferramenta tecnológica estratégica que pode ser integrada verticalmente de muitas maneiras diferentes em diferentes áreas. Qualquer governo teria dificuldade em abraçar uma transformação tão radical.

Quando os políticos iniciam conversas sobre IA, seu foco geralmente é o mercado de trabalho e o efeito potencial da IA no número de empregos. É aqui que retornamos à lenda do robô bichopapão que rouba os postos de trabalho. Ninguém que é eleito para ocupar um cargo público quer apoiar uma tecnologia que deixa os cidadãos que o elegeram sem emprego. Isso poderia fazer os próprios políticos perderem seus cargos e entrarem para a lista de desempregados.

Já discutimos antes as razões pelas quais o medo de possíveis perdas massivas de empregos é infundado, mas vindo de gestores públicos, é também sinal de falta de visão. Um dos principais desafios que um governo pode enfrentar é reanimar a economia depois de um período de recessão. Na maioria das vezes, após uma recessão, vemos a criação de novos ganhos de produtividade e eficiência que contribuem para o PIB, elevando a economia a um nível de prosperidade acima daquele anterior ao momento de turbulência. De umas duas décadas para cá, contudo, tem sido necessário muito mais tempo para os países se recuperarem de grandes crises. Alguns setores, por exemplo, nunca se recuperaram após a Grande Recessão de 2008, apesar dos esforços do governo. Então, se o uso extensivo de políticas macroeconômicas e subsídios não resolve, o que resolverá?

Acreditamos que a introdução da IA seja uma oportunidade para impulsionar a economia, gerando novos mercados que ainda não existem. Isso porque ela ilumina áreas de possível intervenção e recuperação econômica que nunca vimos antes e que ainda não previmos. Além do mais, ela enseja a criação de novos empregos. Por exemplo, considere a possibilidade de usar a IA para melhorar os procedimentos de prevenção do câncer. Essa oportunidade poderia levar a mais empregos líquidos devido às bolsas de pesquisa, estágios, financiamento para estudantes de doutorado e laboratórios operacionais.

Temos visto sucessivas vezes que a criação de empregos acontece quando a integração de novas tecnologias e descobertas leva à comercialização. Diversas pequenas indústrias também podem ser construídas com base em uma única tecnologia. Por exemplo, o desenvolvimento de smartphones criou uma nova categoria de hardware que precisava de sistemas operacionais totalmente novos. Como resultado, foram criados o Google Play e a App Store da Apple, e o desenvolvimento de aplicativos móveis se tornou uma classe totalmente nova de software. Até o momento, há cerca de dois milhões de aplicativos disponíveis para Android OS e iOS.[112] Além disso, a receita de aplicativos móveis alcançou 92,1 bilhões de dólares em 2018.[113] Os smartphones são classificados como algo totalmente necessário, equiparados a bens essenciais. De fato, para muitos refugiados, os smartphones são considerados mais importantes do que comida e água.[114]

Um outro exemplo importante é a indústria espacial. A princípio, essas iniciativas foram impulsionadas pelo governo no âmbito da NASA. Agora, empresas como a Blue Origin (iniciada em 2000 pelo fundador da Amazon, Jeff Bezos) e a SpaceX de Elon Musk estão entrando em campo e criando novos empregos. Como uma empresa bem financiada, a SpaceX tinha mais de seis mil funcionários em 2017 e gerou mais de mil vagas de emprego desde então.[115] Os objetivos das tecnologias de viagens espaciais se expandiram para além do estudo e exploração científica; a conversa agora gira em torno da comercialização de viagens espaciais para turistas e da ambição de chegar a Marte. À medida que essa nova indústria cresce, muitos outros novos empregos poderão ser criados no futuro. Os governos precisam ser reiteradamente lembrados que a história tem mostrado que novas tecnologias ajudam a criar empregos, não a destruí-los. Se eles puderem ser ensinados a confiar nessa realidade, talvez estejam prontos para incentivar e apoiar novas tecnologias como a IA.

EMPREGOS EM EVOLUÇÃO

Como discutido ao longo deste livro, a IA é mais bem utilizada na substituição de seres humanos em trabalhos repetitivos. Em vez de simplesmente eliminar esses empregos antigos, o resultado são novas oportunidades com maior flexibilidade. Pessoas que antes faziam trabalhos tediosos passarão a supervisionar, verificar o trabalho e tomar decisões. Essas posições podem ser adaptadas porque têm um nível intrínseco de agilidade.

Considere a ascensão do freelancer como uma carreira. Originalmente, o freelancer era parte da economia de serviços, na qual indivíduos satisfaziam as necessidades de um negócio prestando serviços especializados que a empresa não possuía, como design gráfico ou revisão de provas. Em seguida, a tendência se deslocou para oportunidades mais orientadas para projetos. As empresas traziam freelancers para servirem como especialistas para os projetos que estavam executando. Vimos então um aumento no uso de consultores especializados, uma forma inteiramente nova de ser freelancer em relação ao ponto em que a coisa começou.

O mesmo padrão que inspirou o aumento das contratações de consultores pode ocorrer em todas as indústrias. Com o avanço da IA, veremos uma diminuição da dependência dos projetos industriais tradicionais dos séculos XIX e XX, com sua ênfase nos métodos ou mecanismos industriais. Esses métodos eram sistemáticos por natureza, porque a repetição era a única maneira de uma empresa controlar sua produção. Tudo — desde o número de horas de trabalho, o surgimento dos sindicatos, os pagamentos, o salário-mínimo, os incentivos, as promoções até a produção exigida — foi projetado em um modelo que envolvia algum grau dessa repetição sistemática, independentemente do processo. Não é segredo que as fábricas mais eficazes são o que chamamos de fábricas escuras.* Esse é um paradigma muito diferente do anterior.

No passado, a gestão nada mais era do que camadas construídas sobre as diferentes funções a serem supervisionadas na cadeia de valor tradicional. Agora que a tecnologia está se tornando cada vez mais acessível em termos de viabilidade, ela terá impacto nas necessidades gerenciais desse tipo de indústria. Dessa vez, não serão pessoas gerenciando pessoas. Serão pessoas gerenciando a IA.

Hoje já existe demanda para habilidades em aprendizagem de máquina, *deep learning*, ciência de dados e análise preditiva. Todos esses empregos estão relacionados ao trabalho com a IA e, de acordo com alguns cálculos feitos por especialistas, representariam um ganho líquido de quinhentos mil empregos até 2020 (1,8 milhão de empregos seriam eliminados pela IA, mas em contrapartida outros 2,3 milhões seriam criados).[116]** Neste momento, não há pessoas suficientes com as habilidades certas para ocupar esses cargos.

---

*. Ambientes fabris totalmente automatizados e, portanto, com pouca necessidade de iluminação em seu interior. [N.E.]

**. Esta previsão foi feita em 2017, antes dos eventos de impacto mundial provocados pelo novo coronavírus, cuja disseminação foi classificada como pandemia em março de 2020 pela Organização Mundial da Saúde. [N.E.]

Quando se trata de empregos no novo paradigma da IA, os governantes precisam observar e responder. Eles precisam participar das conversas para que possam entender o potencial de novos empregos (em vez de pensar unilateralmente em perdas), moldar os novos paradigmas de forma ética e criar programas de treinamento para que seus respectivos países permaneçam competitivos; além disso, também precisam manter sua própria viabilidade em um futuro tecnológico. Atualmente, os governos já estão tendo problemas para competir por especialistas em segurança cibernética e programadores. Não há esperança de que eles consigam acompanhar o ritmo das mudanças se não se esforçarem mais.

LÍDERES NA IA

Embora a tendência geral seja a falta de atenção à IA por parte de políticos e legisladores, há um pequeno número de governos que se destacam pela postura proativa de explorar as possibilidades que a IA oferece.

Países como Canadá, França, Reino Unido, Alemanha e Dinamarca, entre outros, desenvolveram iniciativas para explorar a ética e as responsabilidades que envolvem a IA. O IPAI — *International Panel on Artificial Intelligence* [Painel Internacional sobre Inteligência Artificial] — foi anunciado pelo Canadá e pela França em 2018 como uma plataforma para discutir "a adoção responsável da IA centrada no ser humano e fundamentada nos direitos humanos, na inclusão, na diversidade, na inovação e no crescimento econômico".[117] Espera-se que outros países desenvolvidos se juntem ao IPAI no futuro.

No ano anterior, o governo britânico criou o Centro de Ética e Inovação de Dados como um conselho consultivo, com a intenção de explorar maneiras éticas de apoiar projetos de IA e Big Data. A Alemanha adotou uma postura reativa, focando especificamente em veículos autônomos. Ao perceber que a adoção generalizada da tecnologia é inevitável a longo prazo, o país criou uma Comissão de Ética sobre Condução Automatizada. A comissão acabou desenvolvendo uma lista de vinte diretrizes para a indústria automotiva a serem seguidas no desenvolvimento de sistemas de direção automatizada. Tanto a Dinamarca quanto a UE destinaram fundos para estratégias de IA para fomentar a economia, mantendo, ao mesmo tempo, diretrizes éticas que tratam de preocupações como justiça e transparência.

Vemos um número crescente de governos começando a tentar explorar essas possibilidades, mas nenhum deles está tão bem desenvolvido quanto os Emirados Árabes Unidos (EAU). Os EAU são o primeiro país a institucionalizar formalmente um Ministério da Inteligência Artificial. Sendo os EAU um Estado que funciona mais como uma empresa do que como um país, há muitos incentivos para abraçar a funcionalidade da IA. O que diferencia os EAU é o ponto de vista holístico de sua estratégia de IA. O governo declarou oficialmente que está delineando seus planos de investir e usar a IA para melhorar os sistemas governamentais, bem como de investir no avanço da tecnologia da IA para aumentar a competitividade e liderar o mercado.[118]

Também é provável que o governo veja benefícios em destacar sua posição de vanguarda em relação à IA para investidores estrangeiros como sendo um carro-chefe oficial do governo. Além disso, eles também têm iniciativas que abordam os efeitos sobre as futuras necessidades de emprego, incluindo currículos relacionados à IA nas escolas, programas de treinamento e acampamentos de verão. Omar al-Olama, o ministro da IA dos Emirados Árabes Unidos, conduz uma abordagem de longo prazo em sua estratégia e nos lembra que a tecnologia vem deslocando os paradigmas do mercado de trabalho há décadas. "Não é apenas a IA", disse ele recentemente em uma conferência em Dubai. "É importante para nós, como seres humanos, sermos ágeis, e as pessoas que não aceitam mudanças infelizmente não fazem parte do futuro."[119]

Mais do que ninguém, o governo chinês adotou a tecnologia de IA para múltiplas aplicações. Ele a utiliza como uma ferramenta para monitorar sua enorme população, empregando-a de formas que podem ter muitas ramificações sociais. Veja, por exemplo, a introdução do sistema de crédito social em 2014: uma pontuação individual de cidadania que considera uma enorme variedade de fatores, desde padrões de consumo até a pontualidade no pagamento de contas.

Se você tiver uma pontuação ruim, é penalizado com uma internet mais lenta, menos acesso a empregos e possíveis restrições de viagem. Grande parte dessas informações é coletada e analisada usando a IA.

O governo chinês está investindo fortemente na IA como uma ferramenta de segurança pública, instalando tecnologia de reconhecimento facial nas 170 bilhões de câmeras de CFTV posicionadas em todo o país.[120] Elas podem ser usadas para rastrear pessoas procuradas por alguma razão e até mesmo para capturar criminosos. Em um caso famoso, um homem que havia desviado fundos governamentais foi pego dez anos após o ocorrido. Ele ficou escondido por uma década, mas finalmente mostrou seu rosto quando foi assistir a um show, que foi monitorado por câmeras de CFTV. É quase como ficção científica; você pode correr, mas não pode se esconder do governo chinês! Em um teste do novo sistema de reconhecimento facial aprovado pelo governo no final de 2017, o repórter da BBC John Sudworth tentou fugir da tecnologia, mas foi preso em sete minutos.[121] A tecnologia da China só melhora e, com planos de instalar mais quatrocentos milhões de câmeras de CFTV até 2021, o governo em breve poderá encontrar qualquer cidadão em apenas alguns minutos.[122] De fato, seu objetivo é conseguir identificar pessoas em três segundos com 90% de precisão.[123]

O monitoramento baseado em máquinas e dados não está restrito apenas à China. O uso de dados biométricos também é predominante no Ocidente, em lugares como a Alemanha, por razões de segurança e proteção. Assim também é nos EUA, onde o governo ordenou que os países parceiros isentos de visto fizessem a transição para passaportes biométricos se desejassem continuar recebendo a isenção automática.

É fácil ver como os exemplos anteriores englobam os maiores temores de muita gente sobre o uso da IA pelo governo. As pessoas estão desconfiadas de criar uma situação do tipo Big Brother (à la *1984*, de George Orwell), onde o governo pode ver e controlar tudo o que os cidadãos fazem. É importante lembrar que, como as coisas estão neste momento, de forma geral, são as empresas privadas que estão impulsionando a maioria desses avanços tecnológicos, não o governo.

Na verdade, um governo sábio poderia conseguir limitar até que ponto essas empresas privadas podem observar, capturar e vender nossos dados. Veja os problemas que os EUA têm tido com máquinas de votação: desde vulnerabilidades de software que tornam possível a interferência na contagem de votos, até a venda de urnas usadas com dados reais de votação dentro delas. Em vez de abordar esses problemas, o governo dos EUA se manteve fora da conversa, e isso precisa mudar.

Os governos europeus deram um exemplo melhor no que tange a usar o poder legislativo para proteger os cidadãos. Proposto em 2016 e implementado em 2018, o Regulamento Geral sobre a Proteção de Dados (*General Data Protection Regulation* — GDPR) é uma resposta ao amplo poder e influência da tecnologia e às novas questões éticas que surgiram junto com seu crescimento. O GDPR exige que as empresas forneçam total transparência na coleta, processamento e armazenamento de dados dos usuários. Também exige que as organizações sejam honestas sobre como e por qual período usarão esses dados. E a intervenção do governo não beneficia apenas os cidadãos individualmente. As empresas que violam o GDPR podem receber multas de 2% a 4% de seu faturamento anual. No caso de grandes empresas, a quantia pode ser substancial. O Google, que teve problemas com a divulgação da forma como coleta e utiliza dados pessoais, foi multado em 56,8 milhões de dólares depois que o GDPR foi aprovado. A criação do GDPR é um caso exemplar de como os governos podem responder às novas tecnologias de forma progressiva, e é possível vislumbrar que eles podem desempenhar um papel semelhante com a IA, especialmente na forma como podem ajudar a conduzir o crescimento dessa tecnologia em uma direção positiva, sem a exploração de dados privados.

A desvantagem, entretanto, é que haverá menos dados disponíveis para treinar e melhorar os modelos de IA. Há muitas pessoas dispostas a negociar a privacidade de seus dados em troca de conforto e conveniência ou segurança. Esse é o caso da China, onde as pessoas são mais desapegadas da privacidade de seus dados. O resultado é que o país pode continuar impulsionando o desenvolvimento da IA a uma velocidade vertiginosa.

PARCERIAS PÚBLICA E PRIVADA

É hora de começarmos a considerar seriamente a aliança entre os setores público e privado. Precisamos pensar em diminuir a distância entre o nível em que os governos atuam e o nível em que as grandes corporações como as FAANG e BAT estão.

Uma maneira de fazer isso é estabelecer mais parcerias entre empresas públicas e privadas, como os acordos em que bens públicos passam a ser administrados por empresas privadas. Esses são pequenos passos que os governos podem dar para aproveitar as novas tecnologias sem assumir a responsabilidade e o custo de desenvolvêlas.

Isso pode ser visto em grandes cidades europeias, onde o transporte público é frequentemente gerido por empresas privadas com dinheiro público, o que leva à inovação e a uma gestão mais eficaz. Em Madri, Espanha, o sistema de ônibus no centro da cidade é administrado pelo município, mas existem rodoanéis privados que circundam a cidade, onde passam ônibus de empresas privadas. A decisão de terceirizar possibilitou que a cidade fornecesse mais serviços às comunidades distantes do centro sem ter que gerenciar a implementação por conta própria. Em Melbourne, Austrália, o governo municipal também terceirizou um projeto de pedágio de pontes e estradas, permitindo que a empresa privada assumisse os riscos relacionados à conclusão da construção e ao excesso de custos.

Com base nesses casos de sucesso, poderíamos levar a parceria público-privada um passo adiante e imaginar os governos empregando startups para cumprir com os deveres municipais. As empresas privadas se beneficiariam não apenas de contratos monetários, mas também da oportunidade de colocar sua tecnologia no setor público. Poderia ser uma alternativa atraente para as empresas, no lugar de serem sistematicamente adquiridas pelas FAANG e pelas BAT, como é comum agora. Isso levaria a uma relação muito mais equitativa entre o governo e o setor privado em relação às novas tecnologias, ao mesmo tempo em que permitiria que as empresas iniciantes continuassem a inovar de forma independente em vez de serem absorvidas por corporações maiores. É claro que muitas questões de segurança precisariam ser resolvidas, mas essa é uma ideia que vale a pena explorar.

A DISTÂNCIA CRESCENTE

Neste exato momento, o "sonho americano" está vivo em lugares como a Dinamarca — mais até do que nos próprios Estados Unidos.

Os países escandinavos, em geral, são altamente digitalizados, escolarizados, multilíngues e determinados em investir em energia renovável. São também alguns dos países mais inovadores do mundo, com alto índice de atividades inventivas e de número de pesquisadores. Eles têm pensado no futuro em termos de fusão de tecnologia com serviços governamentais, utilizando inovações existentes para criar um único código de identificação pessoal eletrônica que funcione para tudo, desde o pagamento de impostos até a marcação de consultas médicas, o que economiza muito tempo dos cidadãos. Isso representa as bases de TI e a agilidade tecnológica desses países. Esses governos também incorporam características de segurança, como autenticação em duas etapas. A adoção, aplicação e investimento em tecnologia para serviços governamentais são fatores que ajudam a criar economias competitivas, servindo de exemplo para o setor privado. Não é surpresa que a Dinamarca, a Noruega e a Suécia tenham alta classificação em termos de padrão de vida e infraestrutura, e são esses países que podem eventualmente assumir a liderança em IA como uma indústria em expansão.

É imperativo que governos como o dos EUA, bem como de países em desenvolvimento, não fiquem para trás na adoção de tecnologias que possam impulsionar suas economias e padrões de vida. Já existe uma distância que se forma entre os que o fazem e os que não o fazem — e essa lacuna só vai se ampliar. Sempre ouvimos os políticos falarem em perder terreno para outros países. A Europa se preocupa em ficar atrás dos EUA, enquanto os especialistas perguntam se a China ultrapassou os EUA. Quando a ação tomará o lugar da provocação?

A IA está pronta para que governos e empresas comecem a pensar em parcerias. Os países podem usar essas relações para melhorar sua competitividade e fechar a brecha digital. Se os sistemas governamentais começam a funcionar de forma mais eficiente pela tecnologia bem empregada, essa eficiência melhora a produtividade. Com menos custo e mais eficácia, novos sistemas, como o modelo de governo eletrônico da Estônia, permitem que um país aumente sua prontidão tecnológica e atraia novos tipos de negócios e investimentos. As empresas que podem ser atraídas são as mais fortes do setor digital, ou seja, empresas de tecnologia e inovação. Isso significaria não apenas novos empregos, mas também uma concentração das melhores mentes para ajudar a desenvolver os empregos do futuro. Mas esse tipo de crescimento e transformação em cascata só acontece mediante a vontade dos encarregados políticos.

Vamos voltar ao exemplo da Estônia. O país é conhecido como um "*egovernment*", porque 99% de seus serviços podem ser acessados digital e remotamente usando as mesmas identidades eletrônicas que a Dinamarca, a Suécia e a Noruega. Então, por que os líderes da Estônia escolheram digitalizar o máximo possível? A resposta deles é muito transparente. Como a Estônia é um país pequeno, com cerca de 1,3 milhão de pessoas, sua maior esperança de crescer como nação não é pelo aumento da taxa de natalidade, mas pela imigração. Para conseguir atrair pessoas para o país, o processo de imigração precisa ser fácil, assim como o acesso aos serviços do governo. Na verdade, são necessários apenas dezoito minutos para registrar uma empresa na Estônia, sem nenhuma papelada envolvida. Desde 2018, prestar contas sobre impostos na Estônia leva apenas três minutos, e esse processo ainda será totalmente automatizado. Outra característica do governo eletrônico da Estônia é que todos os bancos de dados estão interligados, de modo que, se você atualizar seu endereço dentro de uma entidade, não terá que atualizá-lo em nenhum outro lugar de novo. Isso significa que se você mudar seu endereço em seus registros pessoais da universidade, os registros de seu hospital receberão automaticamente as novas informações e também serão atualizados. Com uma abordagem digitalizada na administração do governo, não é coincidência que o setor de TI represente 7% do PIB do país (contra 1% do setor da agricultura, por exemplo). A estratégia de governo eletrônico da Estônia para atrair mais cidadãos está funcionando. Em 2014, a Estônia abriu seus serviços de governo digital para o mundo. Em apenas quatro anos, quarenta mil pessoas de 150 outros países tornaram-se residentes eletrônicos e registraram mais de seis mil empresas.[124]

Mesmo que parcerias público-privadas não estejam tão envolvidas nas transações da economia quanto as empresas do setor privado, elas criam valor agregado atuando na parte mais alta da distribuição de valor, cobrando preços mais altos e, portanto, gerando mais dinheiro e pagando maiores salários. Por sua vez, esses salários mais altos farão com que a economia volte a funcionar, apoiando as indústrias que trabalham dentro dela. Mais renda disponível permite a existência de mais empregos na área de serviços e bens de luxo.

Essa é a importância da digitalização e, assim, países menores podem competir com países maiores e mais ricos. Os governos precisam entender como isso afeta sua posição competitiva em escala global. Teoricamente, países que são uma tela em branco podem saltar de zero para cem se tiverem a liderança certa e os investimentos certos. Enquanto isso, levará muito mais tempo para que um país com uma longa história industrial possa eventualmente adotar a digitalização e se adaptar a ela, pois é preciso superar o apego aos métodos tradicionais.

No entanto, com a mentalidade correta e boa vontade por parte dos políticos, isso pode ser feito. Pode ser uma surpresa para alguns, mas a Alemanha foi quase deixada de fora da revolução digital. Durante muito tempo, ela se empenhou exclusivamente na construção de capacidades industriais. O país estava tão distraído que quase perdeu o barco da energia renovável e da modernização da infraestrutura. Por sorte, a Alemanha impulsionou e acelerou seu desenvolvimento tecnológico para continuar no páreo.

Muitos países da UE estão tendo dificuldade para alcançar uma boa relação com a IA, enquanto os Estados Unidos estão mais bem equipados para impulsionar as iniciativas de IA, com muito capital de risco que lhes permite investir mais em startups.

Grandes empresas como Google, Apple, Facebook e Netflix continuam a dominar o mercado porque chegaram lá primeiro. Elas têm um modelo estabelecido e enormes recursos. O orçamento da Netflix para fazer *The Crown* é dez vezes maior do que o de um programa regular da BBC. A Amazon está encurralando a indústria varejista nos EUA e na UE. Quem não puder competir ficará cada vez mais para trás em um mundo onde as grandes corporações dominam o mercado mundial. O mesmo acontecerá globalmente. A menos que um país desenvolva políticas para investir em IA, será uma batalha difícil gerar renda continuamente, aumentar a produtividade, criar empregos de maior valor e elevar o padrão de vida. Ninguém pode simplesmente decidir estar de fora dessa corrida armamentista. Pelo contrário, esse é um dos maiores diferenciadores entre os países.

A distância entre os países que estão investindo em um futuro digital e aqueles que não estão está aumentando. Não importa a carga horária ou o tamanho da sua equipe. Se você não estiver integrado a um sistema digital, o custo de adotá-lo mais tarde será extremamente alto. Essa não é uma conversa da qual os governos possam fugir. É hora de se engajar antes que seja tarde demais.

O QUE ESTÁ EM JOGO?

Por mais que a adoção da IA pelos governos nos pareça urgente, não vemos evidência de que essa urgência está sendo compartilhada por nossos governantes. A maioria parece vê-la ainda como uma tendência que chegou e foi embora. É pessimista acreditar que os governos não vão se impor, mas a verdade é que, se não o fizerem, o resultado pode ser sombrio.

Um dos piores cenários é aquele em que o governo permanece ausente do espaço da IA por muitos anos enquanto ela continua a moldar o cenário econômico e tecnológico. Se um governo de repente começa a legislar sobre o assunto sem realmente entender a situação, isso pode causar muitos danos. As próprias políticas podem ser problemáticas, e os governos simplesmente são, por natureza, muito lentos em corrigir o rumo das coisas. Um governo que não está inteirado da conversa torna um pouco mais realista o medo de uma IA determinística prejudicial ao bem-estar comum.

A tecnologia por si só pode ser disruptiva, mas uma política governamental ruim pode ser ainda pior. Já vimos o caos que ocorre quando um mau governo mergulha um país em mudanças não calculadas, como visto na Venezuela, no Brasil e, mais recentemente, no Reino Unido, com o Brexit. Na Venezuela, a diretiva de continuar nacionalizando a infraestrutura de energia, telecomunicações, transportes, entre outros, diante de uma severa recessão, criou um colapso econômico. O Brasil foi levado a uma estagflação paralisante devido à má política fiscal e monetária estabelecida pela expresidente Dilma Rousseff. Com base nessas situações, podemos ver como uma ação governamental atrasada que deixe a tecnologia ser desenvolvida sem controle e más decisões políticas generalizadas poderiam causar um grande desastre nacional.

Em julho de 2018, Henry Kissinger escreveu um artigo para o *Atlantic*, no qual identificou que um dos principais riscos da apatia do governo em relação à IA é a possibilidade dessa tecnologia tomar rumos estranhos em sua evolução.[125] Discutimos anteriormente sobre a possibilidade de uma IA determinística, que poderia tomar decisões por conta própria em nome dos seres humanos. Esta não é uma direção que queremos seguir: um futuro em que a IA tome decisões sobre o que é melhor para nós, tirando nosso livre-arbítrio.

Isso parece muito distópico, mas o ponto principal de Kissinger é que se os governos não começarem a dominar esse assunto, então a IA pode se tornar uma tecnologia poderosa que cria mais danos do que benefícios, devido à incapacidade da sociedade de lidar com ela ou de controlá-la. Até agora, é difícil dizer se as empresas que possuem a maior parte da tecnologia são relativamente benevolentes ou não.

O que o Facebook fez com a Cambridge Analytica*** é muito repreensível, e o Google foi pego repetidas vezes coletando nossos dados sem nossa permissão.[126] Será que empresas como a Cisco, IBM, Apple, entre outras, continuarão a ser éticas e a utilizar nossos dados adequadamente? Lembre-se, o objetivo número um delas é ganhar dinheiro. E se de repente elas também começarem a se comportar de forma antiética? É perigoso permitir que elas tenham demasiado poder. Infelizmente, com exceção do GDPR, os governos não têm como proteger a eles mesmos ou a nós.

A INEVITABILIDADE DA MUDANÇA

Não importa quanta resistência ofereçamos, a economia sempre vence. Faz sentido economicamente para as empresas privadas usar a IA e a tecnologia inteligente para melhorar a eficiência e gerar lucro. Os sindicatos podem tentar reagir, mas a história já mostrou inúmeras vezes que eles não podem simplesmente lutar para sempre.

Vimos isso com o modelo de economia compartilhada. Os motoristas de táxi, por exemplo, foram fortemente contra a Uber. Eles estavam tentando proteger seus empregos do malabarismo tecnológico desse novo conceito. Seus protestos já resultaram em proibições temporárias, como em Barcelona e Vancouver, mas a Uber acabou voltando para o cenário. Em lugares onde a Uber foi suspensa, as empresas locais começaram a replicar os mesmos mecanismos. Os motoristas de táxi não terão outra escolha senão se adaptar ou perder seus empregos.

A conversa sobre IA não é opcional. Historicamente, os países às vezes optaram por não participar dos avanços tecnológicos porque podiam confiar em recursos naturais como o petróleo. Nessa revolução é diferente. No final, não importará onde os países querem estar no nível de desenvolvimento; a coisa toda simplesmente se resumirá a estar on-line ou off-line. Estar off-line terá grandes repercussões em termos

***. Escândalo envolvendo a empresa Cambridge Analytica, que foi pega utilizando indevidamente os dados pessoais de mais de 80 milhões de usuários do Facebook para fins políticos. [N.E.]

de desligamento da cadeia de fornecimento global e perda de negócios. É por isso que esta conversa pode acabar se tornando a conversa mais universal e urgente de nosso tempo. Os governos precisam sentir essa mesma urgência.

Muitos empregos que existem há décadas, em sua maioria inalterados, estão começando a chegar ao fim de sua vida útil. Essa situação assusta tanto os trabalhadores quanto os políticos. Não é que a nova tecnologia seja ruim ou maligna; ela está apenas eliminando, de forma neutra, certas funções. Com o passar do tempo, esses empregos serão gradualmente eliminados e novos empregos serão criados. É assim que a sociedade evolui.

Onde esses novos empregos aparecerão? E como iremos treinar os trabalhadores para preenchê-los? A maneira como educaremos as pessoas também mudará fundamentalmente porque o objetivo da educação, à primeira vista, é preparar as pessoas para a empregabilidade, o que discutiremos no próximo capítulo.

MODELOS ECONÔMICOS EM EVOLUÇÃO

Quando as pessoas são deslocadas pela tecnologia à medida que ela se desenvolve, a questão passa a ser: o que o governo deve fazer sobre isso, nesse ínterim?

Uma possibilidade é tributar a riqueza excessiva gerada por robôs mais produtivos. Bill Gates tem apoiado essa ideia. Basicamente, você estaria tributando o excesso de produtividade que as empresas estão gerando a partir do uso da automação. O problema é que isso cria uma nova categoria de impostos. As empresas vão protestar e fazer lobby contra isso. Elas podem decidir mover suas atividades para jurisdições onde essas taxas não existam. Com a tecnologia de nuvem, não é necessário estar em um país específico para fazer negócios; a nuvem está em toda parte, e as máquinas podem operar em qualquer lugar.

No entanto, acreditamos que a taxação de robôs é inevitável. Se mais empregos estão sendo oferecidos a robôs em detrimento de seres humanos, então os governos perderão a receita do imposto de renda que teriam ao tributar esses funcionários. Isso os colocará na difícil posição entre precisar da receita tributária e não querer expulsar as corporações do país. Será um dilema difícil de ser resolvido.

Outra estratégia que está ganhando força é a ideia de uma renda básica universal (RBU). O conceito está sendo testado no Canadá e em várias regiões da Finlândia, e foi tema de um referendo na Suíça (onde foi rejeitado). A ideia é pagar a cada cidadão adulto do país um salário-mínimo mensal, sem relação com seu status profissional.

A RBU é algo popular no geral porque as pessoas gostam de pensar que o governo está cuidando delas, mesmo que elas percam seus empregos. Esses projetospiloto se concentraram em fornecer uma RBU para membros da sociedade que não estavam podendo trabalhar em tempo integral e já tinham recebido assistência pública devido a deficiências ou problemas de saúde. Se a RBU é realmente uma opção, eles também precisam testá-la com trabalhadores capacitados. Uma alternativa a isso seria trazer, em vez de um salário, outras possibilidades que incluem o provimento de condições mínimas, que poderiam ser moradias públicas, serviços públicos e subsídios para alimentação e escola.

O problema da RBU é que não se pode administrar uma economia com subsídios. Um olhar crítico sobre os subsídios agrícolas do governo dos EUA aponta para resultados deletérios. Os subsídios levaram a práticas agrícolas ineficientes, e a ausência de forças de mercado acabou prejudicando a indústria ao aumentar os preços dos alimentos e deixar de fora dos negócios os pequenos agricultores que não se qualificaram para o financiamento. Pode até parecer que a RBU faça sentido como forma de compensar os empregos perdidos para a automação, mas simplesmente não funcionará a longo prazo.

Por essa razão, o dividendo básico universal (DBU), proposto pela primeira vez pelo economista e político Yanis Varoufakis, ganhou popularidade. Os defensores do DBU afirmam que existe uma falha fundamental no modelo capitalista tradicional, no qual se acredita que a riqueza é criada a nível individual, enquanto na verdade toda riqueza é gerada em nível coletivo. Por que não redistribuir alguns dos dividendos que serão gerados pelo investimento público em IA e automação de volta para a sociedade? Embora este seja um exercício mental interessante, a história tende a mostrar que as economias capitalistas não prosperam a partir de uma redistribuição de valor de cima para baixo, devido ao baixo incentivo para que os produtores continuem inovando e investindo que isso provocaria.

Sem uma visão específica, seria fácil para um governo ser eleito com base na promessa de distribuição de subsídios. Mas a RBU e o DBU não são a resposta para as transições que experimentaremos na economia. Eles podem ter utilidade como sistemas temporários para ajudar na mudança de paradigma de uma economia industrial para uma economia digital. Os subsídios, no entanto, acabam por levar a dívida pública ao limite, deixando a população em pior situação a longo prazo.

Essas "soluções" são sempre baseadas na noção de que a IA irá eliminar permanentemente os empregos. Nenhuma delas aborda a questão-chave, que é estabelecer um sistema econômico no qual sejamos capazes de criar tantos empregos novos quanto eliminamos os antigos. Elas também não consideram os novos tipos de emprego que precisaremos criar.

A DESIGUALDADE DA IA

Nos anos 1980, o crescimento do grupo de renda mediana achatou, enquanto o PIB real e a produtividade da mão de obra aumentavam. A Figura 17 mostra como, nos EUA, enquanto o PIB real cresceu 80% desde meados dos anos 1980, a renda familiar mediana ajustada à inflação subiu apenas 20%. Esse fenômeno não parece estar acontecendo apenas nos EUA. Um estudo recente observou resultados semelhantes em dezesseis países europeus.[127] O grupo de renda mediana está diminuindo devido ao número de empregos de colarinho branco sendo substituídos pelo comércio eletrônico e pela internet. Os detentores de capital e os investidores estão vendo os lucros aumentarem enquanto a classe média estagna. Esse tipo de economia torna os ricos mais ricos e os pobres mais pobres, ao passo que a classe média se vê cada vez mais próxima dos mais pobres.

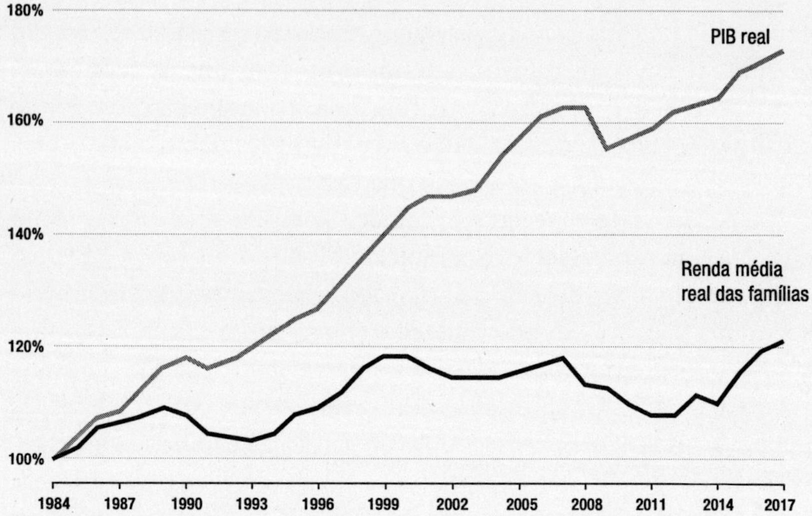

Figura 17: Crescimento real do PIB vs. crescimento real da renda média das famílias nos EUA (1984-2017)

Acreditamos que essa tendência continuará à medida que a IA avança. As automatizações inteligentes já estão atingindo os empregos de colarinho branco. Mais empregos de escritório serão ocupados por algoritmos. Com o tempo, veremos mais automação de trabalhos braçais também, mas isso requer hardware, que é mais caro. Os empregos de colarinho branco não têm esse componente, tornando mais barato e mais fácil implementar a IA e ver resultados. Ao mesmo tempo, aqueles que detêm capital muito provavelmente o investirão em gigantes impulsionadas pela tecnologia, pela chance de obter um retorno maior. Isso resultará em mais desigualdade de renda para mais pessoas, e quem está no topo ganhará muito, muito mais dinheiro. Além disso, com mais capital sendo injetado nas gigantes tecnológicas, elas se tornam cada vez mais aptas a pressionar as empresas menores e acumular novas tecnologias, como discutido no capítulo 3.

O historiador Yuval Noah Harari prevê que, no futuro, a desigualdade da IA resultará em um grupo de pessoas que ele denomina "classe inútil". O que ele quer dizer com isso é que haverá pessoas que serão militar e economicamente inúteis. Teremos drones para lutar nossas guerras e máquinas para fazer nosso trabalho, então, de que nos servem esses seres humanos extras? Pode parecer um pouco extremo, e houve outras advertências semelhantes nos últimos duzentos anos. Mas para Harari é algo que parece muito mais próximo de acontecer (de verdade) dessa vez.[128] É um pensamento assustador, mas é algo que devemos considerar ao planejar o futuro.

EXISTE SOLUÇÃO?

Embora gostemos de enfatizar o lado cor-de-rosa da IA e não sejamos inteiramente pessimistas quanto ao futuro, pensamos que as repercussões sobre os trabalhadores e a desigualdade de renda precisam ser abordadas. É primordial que os governos desempenhem verdadeiramente seu papel de gestores no futuro da IA. Os governantes precisam tomar três atitudes.

Primeiro, eles precisam ter um entendimento real sobre o que é a IA. Até certo ponto, alguns governantes precisam ser *convencidos* sobre a importância da integração da IA e seu papel em nosso futuro.

Em segundo lugar, precisam entender que a IA deve ser usada para fins específicos e de maneiras específicas. Precisamos desmascarar os mitos sobre os possíveis efeitos negativos da IA na economia e incentivar os governos a investir em tecnologia e infraestrutura. Também precisamos pensar sobre os propósitos específicos da IA e levantar questões sobre como construir uma estratégia digital à medida que avançamos para o futuro.

Além disso, é necessário dar uma imagem mais realista do que a IA e tecnologias relacionadas realmente podem fazer. "Os legisladores não leem textos científicos, mas leem os *clickbaits* que circulam por aí", disse Zachary Lipton em uma conferência EmTech da *MIT Technology Review*.[129] Ele adverte que, se não conseguirem separar a propaganda da realidade, isso pode levar os legisladores a confiarem demais na capacidade dos algoritmos de comandar coisas como veículos autônomos e diagnósticos clínicos.[130] É necessário ter uma boa compreensão das tecnologias e, talvez até mais importante, de suas limitações.

Em 2017, o Reino Unido, por exemplo, reafirmou uma promessa orçamentária de colocar carros sem motorista na estrada até 2021.[131] Essa parece ser, na melhor das hipóteses, uma avaliação extremamente otimista do futuro próximo e, na pior das hipóteses, uma completa falta de compreensão das tecnologias, o que pode representar um perigo para o público.**** Por exemplo, uma limitação fundamental da IA sobre a qual não se fala o suficiente é: "o que acontece se um modelo for treinado com um conjunto de dados coletados no passado, mas a situação do mundo real tiver mudado..."[132] O modelo não estaria equipado para lidar com qualquer situação nova ou original que surja. As autoridades governamentais precisam desenvolver uma compreensão muito melhor de como as tecnologias funcionam.

Finalmente, os governos precisam se adaptar à ideia de digitalizar completamente suas instituições. É importante dizer aos governantes que eles têm um papel no futuro da IA e que eles não podem descartar todo o paradigma como sendo apenas "coisas de computador".

Na maioria dos lugares do mundo, as pessoas desconfiam dos políticos. Infelizmente, a maioria dos governos prejudica a vida das pessoas por conta de interesses pessoais e por preencher cargos com indivíduos que não são necessariamente capacitados. Os baixos salários e um estigma em relação ao setor público também têm afastado alguns dos melhores talentos. Não há uma atmosfera de competição que leve as pessoas a dar o seu melhor como o setor privado. Além disso, os melhores educadores não costumam incutir em seus pupilos a ideia de trabalhar no setor público. Não temos feito um bom trabalho promovendo essas aspirações.

Mas isso não é verdadeiro em todos os lugares. Em Cingapura, trabalhar no serviço público é considerado uma honra. No Chile, o governo envia seus funcionários para estudar no exterior em lugares

****. Até o momento da publicação desta edição, a previsão para o início da circulação de carros autônomos em certas vias do Reino Unido ainda é até o fim do ano de 2021. [N.E.]

como o MIT e paga todas as taxas. Mais governos precisam seguir esses modelos para que possam atrair os melhores talentos e dar a si mesmos uma chance de lutar para competir com o setor privado, ou pelo menos dialogar com ele.

Se estivermos sendo realistas, porém, provavelmente não veremos muita movimentação dos governos ao redor do mundo sobre essas questões. Nesse momento, a maioria dos governos parece não querer fazer muito para mudar. É por isso que é importante que as pessoas da área se engajem mais em divulgar informações precisas e dissipar os mitos sobre a IA.

Muito dependerá dos líderes de amanhã: a geração mais jovem, mais aberta e entusiasmada com essas tecnologias. Esses indivíduos, alguns dos quais são apenas estudantes agora, entendem a situação e esperam empregar seus conhecimentos e concorrer a cargos para criar políticas públicas que reflitam um futuro tecnologicamente brilhante — tanto para os trabalhadores quanto para seus países.

CAPÍTULO 7

COMO DEVEMOS PREPARAR NOSSOS FILHOS PARA O MUNDO DA IA?

As pessoas constantemente nos perguntam como preparar melhor as crianças para enfrentar o mercado de trabalho do futuro. Essa é uma pergunta difícil de responder, porque as tecnologias estão mudando a um ritmo tão acelerado que é quase impossível acompanhá-lo. De acordo com uma estimativa, 65% das crianças que estão hoje na escola primária acabarão trabalhando em empregos completamente novos que ainda não existem.[133] Outra fonte aponta que até metade do conteúdo dos cursos de bacharelado pode estar obsoleto dentro de cinco anos.[134] Nós mesmos estamos lutando para estar a par dessas mudanças, o que torna um desafio explicar definitivamente como podemos preparar as futuras gerações para elas.

Dito isso, reiteramos que há certas coisas que sabemos sobre como será o futuro e, por isso, existem algumas maneiras de preparar nossos filhos para se tornarem mais adaptáveis a um ambiente em constante mudança. Isso lembra uma conversa entre Thomas Friedman, um jornalista renomado, e Astro Teller, que supervisiona o laboratório de pesquisa e desenvolvimento do Google X.[135] Eles falam sobre como o ritmo das mudanças tecnológicas ultrapassou nossa capacidade de adaptação. Enquanto a legislação se esforça para acompanhar o ritmo, as empresas, especialmente as gigantes tecnológicas, tentam impulsionar seus avanços sob regulamentações datadas, ao mesmo tempo que o público geral não tem ideia do que está acontecendo. Mas se pudéssemos aumentar nossa capacidade de adaptação, mesmo que ligeiramente, isso faria uma enorme diferença. De acordo com os pesquisadores, 90% da adaptabilidade consiste em otimização para o aprendizado.

Devemos buscar maneiras de aprender mais e cada vez mais rápido, bem como de nos expor a uma maior variedade de questões. Teremos que experimentar mais coisas novas. Isso, por sua vez, requer um conjunto diferente de habilidades. Aqui, apresentamos algumas ideias sobre o que podemos fazer por nossas crianças. Não se trata simplesmente de empurrá-los para uma determinada área de atuação, ou ensinar-lhes as habilidades certas; trata-se de encorajar características como resiliência e criatividade, que os ajudarão a lidar com o que quer que o futuro lhes reserva.

REDEFININDO O CONCEITO DE "CARREIRA"

Lembramo-nos vividamente de como nossos pais nos encorajavam a ir para certas áreas profissionais quando éramos crianças. Eles nos incentivavam a nos tornar médicos, advogados ou banqueiros de investimentos porque esses empregos pagavam bem e tinham a garantia de estar sempre em alta demanda. Isso às vezes estava em desacordo com nossas paixões e sonhos, mas, naquela época, nossos pais acreditavam genuinamente que estavam fazendo a coisa certa para nos preparar para o sucesso no futuro.

Atualmente, no entanto, é difícil prever quais caminhos de carreira garantirão o sucesso ao longo da vida. Alguns empregos estarão disponíveis nos próximos cinco anos no futuro, mas não poderemos dizer: "É isso que você vai fazer pelo resto de sua vida profissional." Além de um horizonte de cinco anos, o cenário das carreiras é difícil de prever.

De acordo com um relatório do Fórum Econômico Mundial, até 2030 haverá cerca de 133 milhões de novas oportunidades de emprego criadas devido à IA, mas, ao mesmo tempo, 75 milhões de postos serão perdidos.[136] Portanto, podemos esperar um ganho líquido de empregos no futuro, mas eles simplesmente não serão os mesmos trabalhos de antes. Com o desaparecimento dos empregos de trabalho braçal, novas posições tomarão seu lugar. São empregos que nunca existiram antes, o que faz com que seja difícil imaginar exatamente como eles serão.

Ao contrário do passado, as perspectivas futuras não têm o luxo de carreiras estáveis com demanda garantida. Em vez disso, precisamos redefinir a palavra "carreira" e nos afastar da velha ideia de atividades a longo prazo baseadas em vocações e treinamentos específicos. Na Quarta Revolução Industrial, as carreiras são mais propensas a ter múltiplos ciclos e variações.

No passado, um diploma universitário costumava garantir um bom emprego e uma longa carreira. Não é mais o caso. Educação formal ainda pode proporcionar a abertura de portas, direta ou indiretamente, mas não é uma garantia. Muitas pessoas com diploma acabam trabalhando em áreas completamente distintas das de sua formação, às vezes em campos que não exigem educação superior. Todos nós provavelmente conhecemos um ou dois empresários que fugiram do mundo da tecnologia e criaram suas próprias empresas de serviços locais, como encanamento e paisagismo. Portanto, embora a educação tenha valor, muitas pessoas conseguiram ter sucesso nesta nova atmosfera sem uma educação tradicional.

As coisas mudaram substancialmente. Nossos pais encontraram empregos, mas nossos filhos precisarão inventar suas próprias ocupações. É difícil preparar as crianças para um futuro em que a tecnologia evolui a um ritmo mais rápido do que o ser humano. Precisamos prepará-los para o futuro deles, não para o nosso presente. Em vez de incentivar nossos filhos a encontrar uma vocação, precisamos prepará-los para criar seus próprios trabalhos.

Na verdade, como pais, quando perguntamos a nossos filhos "o que você quer ser quando crescer?", estamos sugerindo — e, pior ainda, prometendo a eles — que aquela função continuará a existir no futuro. Pense nisso: como eles podem sonhar com uma carreira quando muitas das oportunidades que estarão disponíveis em sua vida adulta ainda não foram concebidas? Em vez disso, provavelmente é melhor perguntar-lhes "quais são seus interesses?" para descobrir como eles podem se adaptar ao futuro do mercado de trabalho. Perguntas em série, como "qual é sua paixão?", "como você torna sua paixão produtiva?" e "como você direciona sua paixão e produtividade para criar valor?" podem ser um guia muito melhor para o futuro de nossos filhos.[137]

REPENSANDO A EDUCAÇÃO

Nosso sistema educacional atual existe há cerca de 250 anos, sem grandes mudanças filosóficas. Ele foi desenvolvido pelos britânicos na época vitoriana, quando precisavam treinar principalmente servidores e administradores do governo para gerir o antigo e vasto império. Consequentemente, criaram um sistema de especialização, no qual as pessoas eram treinadas para fazer uma coisa só, mas fazê-la muito bem.

Anos e anos mais tarde, nosso sistema educacional ainda funciona de forma semelhante. É bastante estratificado: os estudantes precisam escolher uma disciplina específica (ou uma área) e se concentrar exclusivamente naquilo. A academia contribui para o problema, incentivando os professores a se especializar de forma muito restrita em seus campos. Como resultado, esses educadores só são capazes de ensinar suas disciplinas específicas e sabem pouco sobre qualquer outra especialidade. Muitas vezes, eles são incapazes de conectar assuntos entre diferentes disciplinas.

Os estilos de avaliação também permaneceram, em sua maioria, inalterados. Os sistemas educacionais são baseados em provas e, de modo geral, ainda dependem de memorização. Em Hong Kong, crianças a partir de três anos têm pilhas de tarefas de casa para completar. Aos seis anos de idade, algumas crianças tentam suicídio por estarem tão estressadas pela quantidade de dever de casa, desmoronando sob essa tremenda pressão. Mesmo que sobrevivam e sejam hospitalizadas, ainda se espera que completem suas tarefas. Esse modelo é prejudicial às crianças e não as prepara para pensar criticamente no mundo real, muito menos para desenvolver as habilidades sociais necessárias para funcionarem bem como pessoas adultas.

Os sistemas aos quais estamos submetidos são rigorosamente binários para medir as pessoas de acordo com suas habilidades. São testes para entrar na faculdade, testes para vagas de emprego, testes de quociente de inteligência e outros vários métodos para tentar padronizar a inteligência. Temos um amigo cujo filho tem apenas treze anos e teve de enfrentar três testes de admissão em algumas das melhores escolas do Reino Unido para garantir que poderá entrar na Universidade de Cambridge ou na Universidade de Oxford no futuro. Nosso amigo é professor de Finanças e preparou pessoalmente seu filho para a prova de matemática. É uma pressão imensa a ser exercida sobre um garoto que tem apenas treze anos de idade — e sobre os pais.

Compare essa situação ao modelo existente na Finlândia, que é muito diferente. As crianças têm tempo livre para se desenvolver e explorar livremente até os sete anos de idade. Somente então elas iniciam sua educação formal. O modelo finlandês parece estar muito mais alinhado com a preparação das crianças para o que está por vir do que o modelo tradicional que se limita a coagir as crianças a estudar para passar em suas infinitas provas.

É necessário revolucionar o modelo educacional atual para preparar melhor as gerações futuras para ingressar no mercado de trabalho. As avaliações padronizadas levaram as crianças a se medir em nível individual, quando, na vida real, a inteligência social e a dinâmica de equipe são muito mais importantes. As pessoas avançam mais rápida e efetivamente devido à sua capacidade de construir redes do que por suas qualificações. Essas redes são sociais e, como um ecossistema, são necessárias para uma vida próspera. Mas nós não ensinamos networking na escola. Em vez disso, continuamos a nos concentrar em métricas.

As pessoas que se formam em universidades reconhecidas, como a Harvard Business School, tendem a conseguir os melhores empregos. No entanto, depois de cinco a dez anos, esses mesmos graduados podem ser encontrados em situação pior do que aqueles que se formaram em instituições mais "humildes", normalmente porque eles não conseguem acompanhar a pressão e são mais propensos a ficar deprimidos e a se divorciar.

Há uma história sobre um famoso professor de Harvard que foi a uma reunião de MBA após dez anos. Ele perguntou à multidão quantos deles estavam divorciados e metade da classe levantou a mão. Ele perguntou, então, quantas dessas pessoas inteligentes teriam levantado a mão dez anos antes se alguém perguntasse a elas se acreditavam que estariam se afastando de sua família dez anos depois.[138] Isso é um exemplo de como os sistemas não ensinam inteligência social. Concentramo-nos em certos aspectos do desenvolvimento, mas ignoramos os que são ligados a desenvolver maneiras de lidar com as pressões da vida e focar em valores fundamentais, como a família.

Ao olharmos para o futuro, precisamos enfatizar menos as notas e as habilidades de memorização e ressaltar mais o desenvolvimento de algumas *soft skills* primordiais.

UM MODELO DE EDUCAÇÃO INDUSTRIAL PREJUDICA AS CRIANÇAS

No livro *Algoritmos de destruição em massa*, Cathy O'Neil fala sobre como a introdução de algoritmos nas escolas públicas criou ainda mais desigualdade entre as crianças ricas e as menos favorecidas. Algoritmos de caixa preta[*] estão sendo usados com frequência para determinar a distribuição de fundos educacionais, em vez do tamanho das classes ou da renda média das comunidades.

Quando os administradores são forçados a se concentrar em números como resultados de testes, taxas de retenção e notas, professores tentam se ajustar para sobreviver. Em vez de lançar mão de planos de aula adequados, eles começam a usar todo o tempo disponível para ensinar aos alunos maneiras de passar nos exames, e às vezes até dizem quais são as respostas. As crianças "fora da curva" (as que são um pouco mais criativas ou empreendedoras, mas não matematicamente orientadas ou boas em testes) sofrem de mau desempenho, em termos de métrica. O diretor pode então chamar os pais e informá-los que seus filhos são maus alunos tendo por base apenas notas de algumas provas. Se a criança vier de um passado em que os pais também estiveram em desvantagem, o ciclo simplesmente continuará. Essas crianças tendem a ser marginalizadas pelos professores (os adultos que estão supostamente preocupados em educá-las) como indivíduos que "não se dão bem na escola", e isso se deve em grande parte às avaliações padronizadas.

Por outro lado, muitas escolas privadas não dependem tanto de testes padronizados ou métricas para fins de financiamento. Desse modo, os resultados das avaliações não são tão críticos para a administração. Os estudantes também tendem a ter mais acesso a mentores particulares que os ajudam a construir habilidades em um nível mais interpessoal. As crianças recebem mais ferramentas para serem bem-sucedidas. A maioria dessas crianças inseridas em tal contexto já vem de uma classe socioeconômica mais alta e, como resultado, a divisão de classes continua a aumentar.

Com a introdução de algoritmos, governos e administradores de grandes escolas públicas tratam a educação como uma indústria, enquanto as escolas privadas tratam seus alunos como indivíduos com desafios específicos e conjuntos de habilidades próprios.

---

*. Algoritmos que se tornam tão complexos que não é possível compreender sua estrutura interna, apenas os estímulos de entrada e as respostas de saída. [N.E.]

Como seus métodos e diretrizes educacionais têm gerado crianças ponderadas e instruídas, as escolas privadas podem aumentar a mensalidade de forma consistente porque geram resultados. As escolas públicas deveriam tirar uma lição disso.

Acreditamos que o certo seria desacoplar o modelo industrial de nossos sistemas educacionais. As crianças não são produtos: não se pode padronizá-las — elas não passam por fases de produção ou representam posições de valor específicas. Nosso modelo de educação padrão está tornando as crianças mais fracas e, em certa medida, mais burras. Elas são incapazes de lidar com a complexidade do mundo de hoje.

A desigualdade de classe também emerge quando se trata de familiarização com a tecnologia. É importante que as crianças aprendam sobre novas tecnologias o quanto antes. As escolas que são bem financiadas podem incorporar mais tecnologia na sala de aula, dando aos alunos uma vantagem, como oferecer oportunidades de aprendizado intermediadas pelo uso de notebooks ou iPads. Escolas em áreas mais pobres não podem arcar com os mesmos materiais. Os mais abastados estão muito à frente na corrida.

Como discutido anteriormente, usar avaliações padronizadas para provar que os estudantes estão aprendendo é também um obstáculo para os educadores. Eles estão tão ocupados ensinando aos alunos como se sair bem nos testes que talvez não estejam ajudando da maneira mais eficaz. Ainda que a aplicação de provas faça sentido para alguns cursos, para outros simplesmente não faz. Devemos promover o pensamento livre na resolução de problemas, não a formulação de "respostas padrão" para questões complexas.

Muitas das crises que vemos atualmente se devem ao treinamento que as pessoas receberam ao longo da vida para pensar em termos monolíticos. Nós educamos indivíduos com base em princípios e fundamentos quase obsoletos, e é isso que os torna frágeis. Muitos dos costumes e práticas dos sistemas educacionais ainda estão nos treinando para fazer partes de trabalhos que logo serão assumidos por máquinas. Lembre-se, não estamos perdendo empregos para a tecnologia, eles estão apenas sendo redefinidos em prol da eficiência.

A tecnologia não é a culpada. Ela faz o que deve fazer. As pessoas não consideram que a verdadeira questão é que muitos empregos são mal concebidos e não tiram vantagem da engenhosidade humana. Precisamos nos movimentar e mudar o foco educacional para as funções que as máquinas não podem assumir.

Ao mesmo tempo, a organização das empresas também está mudando. Um emprego, ou seja, engajar um indivíduo em uma tarefa e chamá-lo de funcionário, já foi o meio mais eficiente de se conseguir muitos bens e serviços em escala. Nos últimos dois séculos, "empresa" foi, na prática, o espaço físico no qual desempenhávamos os chamados "empregos". Esse modelo tem funcionado bem desde a Revolução Industrial, e nossos sistemas de aprendizagem foram estabelecidos para preparar as pessoas para esse tipo de ambiente de trabalho — como especialistas de no máximo um assunto. No entanto, a digitalização dispensou a necessidade da abordagem de aumento de produção, permitindo que muitas das empresas mais bem-sucedidas atuem como plataformas onde o valor é criado por trabalhadores individuais, sem a necessidade de um espaço físico fixo e limitante.[139] A educação e o aprendizado terão que evoluir.

REEQUIPANDO A EDUCAÇÃO: OS QUATRO Cs

Tudo se resume a isto: aqueles que mais se preocupam com o que acontece na área da educação, ou seja, os pais, precisam pensar sobre quais aspectos do sistema educacional ainda dependem de modelos ultrapassados. Ninguém está sendo beneficiado por abordagens que tentam adequar um número enorme de pessoas a um modelo de aprendizagem. Isso somente encoraja a conformidade: quem melhor se encaixa no modelo, avança. Aqueles que não se ajustam acabam sendo deixados para trás.

No entanto, muitos pais acreditam nesse sistema e continuam a perpetuar seus princípios. Eles frequentemente exigem mais tutoriais e mais deveres de casa para seus filhos, pensando que estão lhes dando uma vantagem. A ideia de que precisamos dar às crianças o máximo de trabalho possível para que elas tenham máximo desempenho no atual sistema educacional é uma loucura.

Precisamos evitar esses modelos ultrapassados e reequipar o sistema educacional para que ele realmente prepare as crianças para o futuro. Se o mercado de trabalho mudou tanto entre quando éramos crianças e como é atualmente, quão diferente será para nossos filhos daqui a várias décadas? Uma coisa que sabemos é que o desempenho de uma criança nas provas de matemática da terceira série provavelmente não vai importar a longo prazo. A era dos portos seguros e das garantias de sucesso na educação acabou.

Precisamos dar a nossos filhos as ferramentas de que eles precisam para enfrentar os desafios da vida. Acreditamos que podemos fazer isso enfatizando os quatro Cs: criatividade, codificação, comunicação e confiança. Esses são os eixos que os pais podem priorizar, ajudando seus filhos a aprender e a se destacar.

A criatividade está inserida no espírito empreendedor. A codificação permite que as crianças comecem a pensar na programação e na forma como humanos e máquinas interagem. A comunicação trata de sua capacidade de expressar opiniões tanto escritas quanto orais, permitindo-lhes improvisar e falar publicamente com facilidade. E a confiança se relaciona com a ludicidade e a disposição para correr riscos.

CRIATIVIDADE

A criatividade é a pedra angular do empreendedorismo. Infelizmente, não é algo que os pais incentivam nos seus filhos com muita frequência. Os EUA tendem a ser uma exceção: pense na imagem clássica das crianças montando suas próprias barracas de limonada para ganhar um dinheiro extra. Fora dos EUA, no entanto, o empreendedorismo é uma área muito cinzenta. Em muitas culturas, fazer suas próprias coisas e administrar seus próprios negócios em vez de trabalhar para uma corporação é algo desprezado.

Mas mesmo que barracas de limonada sejam divertidas, não são o suficiente. Gostaríamos de ver as crianças aprendendo a pensar criativamente e a tomar a iniciativa em seus currículos escolares.

Elas precisam ser encorajadas a encontrar soluções criativas e a aprender como transformar ideias em coisas práticas. Devem ser capazes de sentir a conversão entre ter uma ideia e transformá-la em um protótipo específico.

A CRIATIVIDADE E O MERCADO DE TRABALHO DO FUTURO

Parte da razão pela qual isso será tão importante é que à medida que a IA assumir empregos, veremos inevitavelmente um aumento no que chamamos de *gig economy*, ou "economia dos bicos". Veremos cada vez mais freelancers versáteis criando seus próprios empregos, prestando serviços fragmentados para outros.

O governo e as grandes empresas vão realmente incentivar essa mudança porque ela os beneficia financeiramente. Algumas grandes empresas de software já estão caminhando para trabalhar com mais prestadores contratados por serviço em vez de funcionários em tempo integral, porque isso as livra de encargos trabalhistas. Infelizmente, a *gig economy* coloca os trabalhadores em desvantagem neste momento, porque torna mais difícil para eles economizar e criar fundos para aposentadorias ou investimentos imobiliários. Mas à medida que avançamos em direção a uma economia de mercado, devemos estar preparados para esse tipo de realidade, já que é certo que novos modelos de negócios voltados para uma cultura de freelancers continuarão a surgir. Essa tendência provavelmente continuará à medida que cada vez mais empresas se tornam plataformas e abandonam a estrutura convencional de comando e controle.

Ao mesmo tempo, estamos vendo cada vez mais pessoas que trabalham em vários empregos por razões diferentes das de antes. No passado, as pessoas acumulavam múltiplos empregos porque precisavam de renda extra; agora, estamos vendo uma transformação em que pessoas da classe média dividem seu tempo entre vários empregos, ou mesmo várias profissões, não porque são desprivilegiadas, mas porque estão aproveitando o máximo de oportunidades que podem. Antigamente, um indivíduo podia trabalhar apenas como professor.

Hoje, esse mesmo indivíduo pode ser educador, orador público, cofundador de uma empresa, consultor e autor, tudo ao mesmo tempo.

Estamos vendo também a ascensão dos chamados freelancers full stack — pessoas que trabalham para várias empresas fazendo várias coisas diferentes. A origem de "full stack" vem de "engenheiro full stack"; o termo descreve pessoas que têm conhecimento suficiente para lidar com cada camada do desenvolvimento de software. Esses prestadores basicamente podem se encaixar em qualquer parte do processo de desenvolvimento, o que os torna muito versáteis para assumir diferentes trabalhos. Eles não precisam ser especialistas em uma área; em vez disso, só precisam saber o suficiente para concluir o trabalho. São freelancers que possuem um portfólio de diferentes habilidades e atividades, em vez de jurar fidelidade a um empregador.

Dizemos frequentemente a nossos alunos que todos eles serão consultores no futuro, sem nunca trabalhar para uma única empresa de consultoria. Eles provavelmente terão múltiplas carreiras e bases de conhecimento, e não apenas uma carreira estratificada. Além disso, precisarão de criatividade inata para inventar e explorar os novos empregos e para reconhecer os desafios que podem ser transformados em oportunidades.

A TECNOLOGIA DIFICULTA A CRIATIVIDADE

Infelizmente, de muitas maneiras, nosso crescente mundo tecnológico trabalha contra nós quando se trata de fomentar a criatividade. As constantes distrações estão encurtando nossa atenção, e sugadores de tempo como videogames, YouTube e redes sociais muitas vezes nos desviam do pensamento produtivo. Já aconteceu com muitos de nós: estamos com dificuldade de ter novas ideias, então deixamos o problema de lado por um tempo e voltamos a ele mais tarde, quando todas aquelas ideias que antes estavam escapando de repente vêm à tona. Mas é difícil refrescar nossas perspectivas (fundamentais para a criatividade) se estivermos enfrentando um bombardeio de mensagens recebidas por e-mail, SMS, Facebook, atualizações do Instagram e notificações de tweets.

E qual é o resultado de tal sobrecarga de informações? Nosso processo de pensamento se estreita, tornando muito mais difícil que novas ideias cheguem até nós; simplesmente não há espaço. Um estudo da *Harvard Business Review* fala sobre como as notificações do Outlook estão prejudicando a produtividade porque, para cada vez que nos distraímos com elas, levamos cerca de vinte minutos para "reiniciar" a mente e voltar a se concentrar na tarefa original.[140]

Somos capazes de ler mensagens curtas e processar seu conteúdo sem reter nenhuma informação. As taxas de retenção estão muito baixas.

A tecnologia pode tornar a sociedade melhor, mas não torna nossos cérebros melhores. Essa não é uma informação nova; é por isso que muitos executivos do Vale do Silício estão criando seus filhos com a menor quantidade de acesso à tecnologia possível.[141] Ao usar tecnologia, nos tornamos mais fatigados e menos produtivos. O cérebro, por natureza, é um processador em série, não multitarefa. Por isso, precisamos apoiar e desenvolver a criatividade; caso contrário, vamos criar uma geração de pessoas com zero capacidade de atenção, foco e retenção.

FOMENTANDO A CRIATIVIDADE

Sem o processo e a pesquisa que foram feitos para escrever nosso último livro, *Understanding How the Future Unfolds: Using DRIVE to Harness the Power of Today's Megatrends* [Entendendo como o futuro se desenrola: usando DRIVE para aproveitar o poder das megatendências de hoje], não teríamos chegado a este volume que está em suas mãos agora. A análise de diferentes tendências, desigualdades e de como a tecnologia afeta e afetará nossas vidas no futuro mudou completamente nosso foco. Vimos como a tecnologia está mudando fundamentalmente a base de nossa sociedade. Foi a experiência de escrever aquele livro que nos permitiu desbloquear nosso próprio pensamento criativo de novas maneiras.

Um dos componentes-chave para desenvolver a criatividade é poder olhar para fora de nosso pequeno mundo. De certa forma, redes sociais são prejudiciais para essa habilidade, especialmente o Facebook. Em teoria, a internet nos permite ver o mundo de forma mais ampla, mas, na prática, essas plataformas nos limitam a ver o que nossos amigos estão fazendo. Nós inadvertidamente autosselecionamos os tipos de histórias que vemos, porque optamos por nos cercar de pessoas que têm as mesmas opiniões. Isso nos impede de ouvir outros pontos de vista e manter a mente aberta. As câmaras de eco dos bate-papos em grupo do WhatsApp têm um efeito semelhante no estreitamento de nossos horizontes. Para realmente ter uma chance no futuro, que será baseado em mudanças cada vez mais rápidas, as pessoas precisam ser capazes de conectar pontas soltas. É a única maneira de se engajar em novos pensamentos e avaliar novas maneiras de resolver problemas.

A capacidade de leitura ampla é um fator-chave para fomentar a criatividade. Muitas pessoas hoje em dia não têm o hábito de ler. Todos estão olhando para seus telefones o tempo todo, mas o que realmente estão fazendo? Estão jogando, assistindo ao YouTube ou rolando o *feed*. A forte dependência das tecnologias on-line está gradualmente tirando nossa capacidade, ou pelo menos nossa paciência, de ler artigos mais longos. Muitos de nós agora preferem artigos curtos porque há um grande volume de elementos competindo por nosso tempo e curiosidade (convenientemente, muitos artigos on-line nos informam o tempo de leitura do artigo). Ao mesmo tempo, nos tornamos mais seletivos em nossa leitura e lemos em um nível muito mais superficial. O problema disso é que estamos negando a nós mesmos a preciosa oportunidade de pensar profundamente. Perdemos aquele ato meditativo que nos permite reabastecer nossas mentes e nos envolver mais profundamente com um fluxo interno de palavras, ideias e emoções.

As pessoas deveriam ler as coisas no papel, não em telas. Os telefones estão treinando nossos olhos para não ler textos longos. Tudo é compacto e curto. Ler trabalhos mais longos diminui nosso ritmo e nos permite digerir o conteúdo mais lentamente, o que permite ao cérebro processar mais ideias e novas perspectivas. Essa é uma razão pela qual os livros digitais não substituíram completamente os livros de papel; livros reais são agradáveis e bons para o cérebro.

As taxas de retenção também são mais altas em relação à leitura de livros impressos. Na Noruega, um estudo com adolescentes em idade de ensino médio mostrou que os alunos que leram livros obtiveram maior pontuação nas perguntas após a leitura do que os alunos que leram o mesmo texto em computadores.[142] A vantagem não está apenas nas obras mais longas; são os aspectos físicos dos livros que nos ajudam a reter melhor o aprendizado. Podemos virar as páginas para frente e para trás; também podemos usar a memória visual (ou marcadores espaciais e temporais) para nos ajudar a lembrar das coisas. Lendo em uma tela, tudo parece estático e igual conforme você rola a página cada vez mais para baixo. Taxas de retenção de notícias on-line e *microblogging*, como você pode imaginar, são tão altas quanto as de lembrar o número de um quarto de hotel. Ou seja, esquecemos tudo imediatamente.

Outro exemplo interessante de utilização da criatividade sem tecnologia é o conceito de *escape room*. É um modelo de negócios popular atualmente, além de ser um jogo divertido. Uma pessoa ou grupo é colocado em uma sala e tem uma hora para encontrar as pistas necessárias para escapar dela. Não é permitido usar o telefone. Isso realmente costuma tirar os participantes do eixo, porque durante uma hora eles precisam resolver problemas sem usar seus telefones para procurar informações. Nós treinamos o cérebro para usar atalhos porque é isso que a tecnologia explora. Uma vez que as pessoas se acostumam com a ideia de que não há smartphones, começam a olhar para o ambiente ao seu redor de uma maneira diferente. Então, são capazes de procurar recursos para escapar da sala.

Usar menos tecnologia é uma boa maneira de aumentar a atenção e os níveis de criatividade. Esse é um conceito que poderia ser reproduzido e empregado mais em ambientes acadêmicos. Embora seja importante que os estudantes aprendam a aproveitar a tecnologia, é igualmente importante que eles aproveitem sua criatividade inata para resolver problemas.

CODIFICAÇÃO

A codificação é o processo usado para programar os algoritmos binários que usamos na tecnologia moderna e que provavelmente continuará a ser usado para funções específicas no futuro próximo. Muitos pais acreditam que se seus filhos se tornarem programadores, terão carreira garantida, numa releitura daquela crença sobre médicos e advogados no passado. Isso não é necessariamente verdade. Nem todos serão programadores no futuro, mas ter um entendimento funcional do que é codificação e de como ela funciona será necessário para todos.

Nós três somos fortes defensores de que aprender uma língua estrangeira é uma habilidade excepcionalmente útil para as crianças. Antigamente, as crianças recebiam aulas de línguas clássicas, e o francês era a língua da elite. O latim era ensinado em muitas escolas católicas, e grego antigo em outras. Agora, qualquer língua serve. Somando os três autores deste livro, podemos afirmar que temos conhecimento básico de pelo menos dez línguas. Mas o valor das línguas não é apenas a melhoria da comunicação; trata-se também da forma como nossos cérebros criam conexões por consequência desse aprendizado. Podemos processar os pensamentos de forma mais multidimensional. Codificar é essencialmente semelhante ao aprendizado de uma língua estrangeira. É algo que nos permite decifrar um mundo totalmente diferente, uma língua para interagir com o mundo dos computadores.

Há não muito tempo atrás, existiam poucos cursos de programação e apenas um punhado de pessoas se interessava por essa linha de trabalho. Depois, os computadores se tornaram uma tecnologia de uso geral, e a maior parte do trabalho já era feita para os consumidores. Não precisávamos mais nos preocupar com as linguagens de programação; apenas tínhamos que digitar um endereço de site.

A codificação dá às crianças a oportunidade de começar a interagir com as máquinas de forma mais construtiva e interativa, o que as prepara para um futuro no qual as máquinas ocuparão grande parte de nossa vida cotidiana.

MELHORANDO NOSSA RELAÇÃO COM AS MÁQUINAS

O verdadeiro benefício de envolver as crianças com a codificação não é apenas proporcionar acesso a mais oportunidades de carreira. Através da codificação, o programador aprende que a máquina faz o que ele comanda. A entrada define a saída. A saída pode descobrir uma relação inesperada entre as informações, mas essas correlações são sólidas apenas porque o programador, antes de tudo, forneceu a entrada.

Ensinar as crianças a codificar mostra-lhes que a máquina é realmente apenas um meio para um fim, e esse fim é definido pelo programador. Essa é uma maneira de conciliar a tensão entre máquinas e seres humanos. Assim, podemos ver a IA e a tecnologia como ferramentas para melhorar a qualidade de vida humana, e não como algo desconhecido ou perigoso.

CODIFICAÇÃO NO CURRÍCULO

A codificação só tende a crescer como profissão e como parte do mundo. Gostaríamos de ver a valorização do ensino de codificação no mesmo nível acadêmico que o aprendizado de uma língua estrangeira. A codificação não pode ser ensinada da mesma maneira, porque não se resume à beleza ou à estética; tem a ver, como mencionado antes, com a heurística, semelhante ao aprendizado de línguas faladas. A aprendizagem das noções básicas de codificação poderia desempenhar o papel linguístico de ajudar a decifrar a comunicação dos computadores.

Nem todas as crianças estarão interessadas em aprender a codificar. A Geração Z já deixou claro que não acredita que os métodos tradicionais de aprendizagem devam ser forçados a todos e que a faculdade seja a única maneira de subir na vida. A verdade é que saber tudo sobre a codificação não vai garantir a ninguém um emprego ou uma vida feliz. Independentemente disso, todos devem se familiarizar com ela, não importa a idade, porque assim serão capazes de entender como ela afeta nossas vidas.

Programas de codificação voltados para crianças, como Scratch, Code.org e CodeAcademy, estão se tornando cada vez mais comuns. Eles são projetados na forma de exercícios divertidos com objetivos para que as crianças sintam que estão jogando, e não frequentando uma aula. Veja a Figura 18, por exemplo.

Figura 18: ***Screenshot*** **de uma atividade do Scratch, um site para ensinar crianças a programar**

Alguns pais chineses têm adotado uma abordagem ainda mais proativa com relação a seus filhos. Na ausência de aulas de programação na escola, eles pagam por aulas particulares.[143] Gostaríamos de ver programas de codificação mais engajados incorporados às escolas.

A Estônia é um exemplo de modelo de integração da ciência da computação no currículo. A programação de computadores e as habilidades de TI começam a ser ensinadas já no jardim de infância. Em poucos anos, os estudantes são capacitados para codificar jogos de forma independente. Essas aulas de informática são necessárias; assim que os alunos terminam o ensino médio, eles têm oportunidades adicionais para desenvolver habilidades técnicas e para estagiar em empresas de tecnologia.[144] Muitos outros países europeus, incluindo Áustria, Bulgária, República Tcheca, Polônia, Lituânia, Reino Unido, entre outros, também incorporaram a codificação em seus currículos primários e secundários.[145]

Mesmo que você não esteja mais na escola primária ou secundária, ainda vale a pena aprender programação. Recomendamos a todos os nossos estudantes de administração experimentar a linguagem de programação Python, porque acreditamos que é importante para eles conhecer o básico da codificação (esperamos não precisar dizer isso daqui a dez anos, porque todos os nossos estudantes terão aprendido a programar no ensino médio). Recomendamos que as crianças comecem com o ScratchJr (scratchjr.org), que é eficaz em despertar o interesse infantil enquanto proporciona essa importante exposição precoce à programação.

Considere aprender a programar com seu filho. Codificar pode ser uma experiência divertida e que criará mais vínculos. Um dos cofundadores da Nexus FrontierTech vive em Bangkok e, embora sua família viva em Tóquio, ele passa as noites programando com seu filho. Eles compartilham a tela do computador enquanto programam, e isso se tornou uma experiência que estreitou os laços entre eles. Esse é um bom exemplo (apesar de ser, sem dúvida, coisa de nerd) de como oferecer às crianças uma exposição precoce e eficaz a essa nova linguagem.

COMUNICAÇÃO

Sendo franco, as redes sociais estão matando as habilidades de comunicação de todo mundo. Você pode ver pela forma duvidosa que a maioria das pessoas escreve e-mails. Elas estão tão acostumadas a escrever frases curtas e a evitar conversas cara a cara que se tornaram incapazes de transmitir efetivamente seus pensamentos. Redes sociais não são tão sociais quanto acreditamos. Apesar do nome, essas plataformas não melhoram necessariamente nossas habilidades de comunicação. Pelo contrário, um estudo recente mostrou que o Facebook pode minar as conexões sociais.[146] Confiar demais em mensagens de texto — e renunciar a outros métodos de comunicação — pode gradualmente acabar com a nossa capacidade de criar e manter vínculos. A concisão torna a comunicação ainda mais difícil para nós. Em um estudo voltado para interações no Twitter, descobriu-se que aqueles que escreviam tweets mais longos tinham mais seguidores e mais engajamento e passavam mais tempo no site.[147]

E-mail, mensagens de texto e aplicativos de mensagens tornaram-se uma maneira conveniente de evitar o confronto. No Japão, há até mesmo uma empresa chamada Exit, que se disponibiliza a pedir demissão em nome de seus clientes, porque muitas pessoas têm medo de ter esse tipo de conversa desconfortável em pessoa.[148]

Uma maneira de dar a nossos filhos uma maior vantagem na vida é ensiná-los a ser eloquentes e a se envolver mais com as pessoas longe dos dispositivos móveis. Grande parte da comunicação é feita através de sinais não verbais. A capacidade de fazer contato visual, encontrar coisas em comum e escutar ativamente é tão importante quanto conseguir apresentar ideias de forma clara e concisa, de maneira profissional. Passar tempo em ambientes de socialização ajuda os jovens a ficar mais à vontade perto de outras pessoas e a desenvolver as habilidades de comunicação de que precisarão no futuro, seja tentando conseguir uma promoção ou tentando obter um novo cliente para um trabalho de consultoria. E, no fim das contas, melhores habilidades de comunicação levam as pessoas a ter mais empatia e a desenvolver mais a inteligência emocional.

COMUNICAÇÃO PARA TODOS

Se desejamos uma sociedade mais empática e gentil, então habilidades de comunicação precisam ser ensinadas a toda criança. Infelizmente, vemos a desigualdade econômica provocando uma marca cada vez maior no que chamamos de "lacuna de trinta milhões de palavras".[149] Crianças que crescem em famílias de baixa renda são expostas a apenas seiscentas palavras diferentes por dia, enquanto crianças em famílias de alta renda são expostas a duas mil palavras por dia. Isso significa que, em um período de três anos, a criança abastada ouve trinta milhões de palavras a mais do que a mais pobre. Como 85% das conexões neurais de uma criança estão formadas aos três anos de idade, quando ela é matriculada na escola, já é tarde demais para mudar essa realidade.[150] Nesse momento (por volta dos cinco anos de idade), essa simples disparidade de vocabulário já impacta a capacidade de a criança usar a fala como ferramenta de comunicação.

As comunidades podem se envolver para preencher essa lacuna, criando programas que possibilitam que crianças carentes estejam ao redor de outras pessoas para conversar e ouvir. No estado americano da Geórgia, o Departamento de Saúde usa fundos do governo para apoiar esse tipo de programa, porque entende o problema como uma questão de saúde pública. É fácil entender o porquê quando olhamos para algumas das estatísticas. As crianças que não conhecem tantas palavras também não vão tão bem na escola ou na vida como um todo. Elas apresentam menores expectativas de vida e maiores riscos de hipertensão, depressão e obesidade. Embora um vocabulário menor possa não ser a razão de todas essas diferenças entre os dois grupos, melhorar o banco de palavras de uma criança não apenas eleva o número de palavras que ela conhece; também melhora suas chances de ser capaz de se expressar e de levar uma vida mais satisfatória.

IMPULSIONANDO AS HABILIDADES DE COMUNICAÇÃO

Como pais, podemos tentar enriquecer as habilidades linguísticas de nossos filhos, tanto aumentando seu vocabulário na língua nativa quanto expondo-os a idiomas estrangeiros. As crianças que conseguem falar mais de uma língua têm uma enorme vantagem quando se trata de comunicação. Isso é verdadeiro até mesmo se elas não alcançarem fluência em sua língua de estudo, pois o ato de aprender um novo idioma por si só desenvolve habilidades auditivas, que também fazem parte do processo de comunicação. Assim, nesse caso, elas ainda serão beneficiadas, ao mesmo tempo em que aprendem a apreciar o fato de que nem todos falam a mesma língua.

Outro benefício lateral é que o aprendizado de um novo idioma aumenta a capacidade de resolver problemas e pensar criativamente. Se a criança não souber uma palavra ou frase enquanto está aprendendo uma nova língua, ela encontrará maneiras alternativas de dizer o que quer. Por exemplo, se não conhecer a palavra "faminto", ela terá que encontrar maneiras de usar outras palavras que conhece para chegar ao mesmo resultado, como "eu quero comer alguma coisa". Esse tipo de desafio cognitivo é tanto um exercício de solução de problemas quanto um exercício criativo, tudo em um só.

A melhoria das habilidades de comunicação também está ligada ao aprimoramento da aptidão emocional. A comunicação é uma das maneiras mais eficazes de assumir o controle de algumas de nossas emoções mais predominantes. Pessoas com melhores habilidades de comunicação podem se expressar melhor verbalmente e não se voltar para outras formas de comunicação, como o uso de seus punhos em um momento de frustração. As mãos devem ser preservadas, por exemplo, para língua de sinais. A filha de um amigo nosso aprendeu a língua de sinais antes de aprender a falar inglês, e isso evitou conflitos porque ela conseguia expressar seus sentimentos.

COMUNICAÇÃO E IA

A capacidade de uma máquina de se comunicar ou interagir de maneira mais humana depende da pessoa que programa os scripts. Veja, por exemplo, o serviço de assistente de voz da Amazon, a Alexa. Começou estritamente como um dispositivo de pergunta e resposta, mas os pais começaram a se preocupar porque seus filhos estavam perdendo seus modos de tanto gritar ordens para o dispositivo. Eles estavam conversando com a Alexa de uma forma que nunca seria aprovada em um diálogo entre humanos. Em resposta, o algoritmo da Alexa em inglês foi reprogramado para incluir um módulo de boas maneiras intitulado "palavra mágica". Esse módulo incorporou palavras de cortesia nas interações da Alexa com os humanos. Com isso, quando uma pessoa diz "por favor" depois do comando, Alexa dirá algo como: "Obrigada por pedir tão gentilmente."

Essa nova programação não foi uma decisão aleatória. Foi o resultado do trabalho da Amazon com especialistas em desenvolvimento infantil que mostraram que o reforço positivo funciona melhor com crianças do que uma abordagem de reforço negativo (algo como inserir uma frase do tipo "Você não terá a resposta até que diga 'por favor'"). Se nos comunicarmos de maneira eficaz, conseguiremos criar melhores *bots* no futuro.

Atualmente, cientistas da Defense Advanced Research Projects Agengy (Agência de Projetos de Pesquisa Avançada de Defesa), ou DARPA, do exército dos EUA, estão tentando ensinar algoritmos de IA a parecer mais humanos em seu comportamento para que sejam mais facilmente aceitos pela sociedade. Se há algo a se temer sobre a IA não é a perda de empregos, e sim que a IA se torne humana *demais*.[151] Como a aprendizagem de máquina só funciona a partir da coleta de dados sobre seres humanos reais, uma máquina pode reproduzir preconceitos e medo de pessoas de fora e de culturas diferentes. Se ela começasse a modelar esse comportamento em relação aos humanos, não poderíamos viver pacificamente perto de sistemas de IA. Essa possibilidade é apenas mais um motivo para incutir empatia nas crianças e ensiná-las a usar as palavras para se expressar.

Conforme a IA começar a dominar o mercado de trabalho, é mais importante do que nunca que os humanos desenvolvam e fortaleçam as habilidades únicas que os tornam humanos. As máquinas são muito boas em processamento e análise. São capazes de apresentar informações de forma eloquente. Mas as habilidades de comunicação — a capacidade de expressar ideias como palavras — são competências humanas. Uma máquina que se comunica bem deve isso apenas à pessoa por trás dela, programando os scripts.

CONFIANÇA

Por fim, é essencial ensinar confiança a nossos filhos. Confiança nas próprias capacidades e no modo como lidamos com as incertezas. Confiança para dizer que você não sabe a resposta, mas que vai descobrir. Muitas pessoas temem o futuro porque temem a instabilidade e o fracasso. Cultivar a confiança permitirá que nossos filhos enfrentem corajosamente o futuro, com autonomia para decidir o próprio destino. Isso ajudará a guiá-los em direção ao que eles querem para si mesmos. Não esperamos que eles tenham todas as respostas quando forem adultos, mas se acreditarem em si mesmos e forem perseverantes, não importa o que aconteça, isso fará toda a diferença.

No futuro, esperamos que nossos filhos estejam inventando seus próprios empregos e abrindo caminho em um sistema econômico aberto e empreendedor. Para se preparar para isso, eles precisam aprender a correr riscos, falhar, dar a volta por cima e passar para a próxima ideia.

Tendemos a estigmatizar o fracasso em vez de encorajar as pessoas a recomeçar e tentar novamente. Veja a forma como o sistema educacional demoniza os erros ao distribuir notas e penalizar os alunos. Algumas pessoas chamam isso de feedback construtivo, mas a mensagem é essencialmente negativa. Como resultado, muitas vezes encontramos estudantes tentando "negociar" notas melhores em vez de tentar aprender com seus erros. O sistema atual está enviando uma mensagem negativa sobre a natureza dos erros, que está ferindo o instinto inato das crianças de tentar coisas novas. O sistema paradoxalmente também as incentiva a culpar o próprio sistema, em vez de ensiná-las a olhar para dentro de si.

Precisamos mudar o paradigma para incentivar as crianças a cometer mais erros. Deixá-las saber que está tudo bem, que errar é natural e esperado. No mundo real, cometer erros é a maneira de chegar mais perto de concretizar um objetivo.

CONSTRUINDO CONFIANÇA AO CORRER RISCOS

Como pais, às vezes tentamos promover a segurança em detrimento do comportamento de risco, mas incentivar as crianças a experimentar coisas novas e assumir riscos calculados ajuda a aumentar a confiança delas. Para uma criança, o risco não é o mesmo que para os adultos. Para os adultos, assumir um risco pode envolver a compra de um estoque superfaturado, mas para uma criança, algo tão pequeno quanto aprender a andar de bicicleta é carregado de medo e ansiedade. O modo como ela internaliza novas experiências depende muito de nosso comportamento e reações como pais. Uma das melhores coisas que podemos fazer é demonstrar apoio e deixar que nossos filhos saibam que seus sentimentos são válidos. Também é bom dar-lhes tempo para recuar e ter a coragem de tentar algo novo e assustador. Se uma criança precisar de mais tempo para processar os sentimentos de medo, isso não significa que ela esteja destinada a crescer e se tornar um adulto inseguro.

No entanto, dar espaço a uma criança não significa deixá-la completamente solta. Também é importante dar a ela uma sensação de controle. Quando é hora de comer algo novo, por exemplo, os pais podem dar opção de escolha. Deixe a criança decidir o tamanho da mordida ou deixe-a saber que não precisa terminar aquela porção, desde que ela prove a comida primeiro. E quando a criança tentar fazer alguma coisa, celebre seu esforço, não o resultado.

Por fim, outra forma de ajudar as crianças a assumir riscos é modelarmos esse comportamento como pais. Nós também devemos estar dispostos a experimentar coisas novas. Se transformarmos a tomada de riscos em uma prática, em vez de pensá-la como sendo um acontecimento singular e único, podemos ajudar as crianças a construir confiança para tentar coisas novas. Estamos fazendo um favor a nossos filhos ao pedir-lhes que assumam riscos.

A ATITUDE GERA CONFIANÇA

Os alunos confiantes não se saem melhor na escola ou cometem menos erros; eles simplesmente não têm medo de participar. Estar disposto a tentar algo sem medo de fracassar é o que define um indivíduo forte, que não diz apenas "não sei se consigo fazer" quando se depara com uma situação inusitada. Uma pessoa sem confiança não terá a coragem necessária para preparar um futuro para si mesma ou a força para atravessar tempos difíceis e buscar dias melhores.

Quando Danny tinha treze anos de idade, ele viu uma oportunidade de negócio: comprar peças em sua cidade natal e construir computadores para vender a pessoas que viviam em vilas rurais. Depois de montar os PCs, ele dirigia (falando em correr riscos, sim, ele dirigia) para as aldeias onde as pessoas ainda estavam começando a ouvir falar de PCs. Não havia garantia de sucesso, mas ele tentou. O maior ganho para Danny não era o dinheiro ganho com as vendas. Em vez disso, ele estabeleceu um caminho para continuar tentando coisas e ideias novas. Estava ganhando autoconfiança em sua capacidade de atingir objetivos.

Às vezes, a melhor maneira de ajudar os jovens a construir confiança é não ajudar. Não corrija um estudante se ele der uma resposta errada. Em vez disso, deixe-o tentar descobrir o que deu errado por conta própria. Depois de passar por essa experiência vezes o bastante, o estudante se acostumará a tentar mais de uma vez até acertar. Mais do que isso, ele vai aprender a confiar em si mesmo e usar a própria mente para chegar à resposta correta, ou objetivo, ou alvo, em vez de depender de um adulto.

Algumas vezes, é claro, um estudante precisará de ajuda. Mas para fortalecer sua confiança, não é suficiente dizer-lhe o que fez de errado. É preciso também dizer-lhe o que fez certo. Talvez ele se lembre de usar algo que aprendeu na semana anterior, ou tente resolver o problema de uma maneira inesperada. Elogie-o por esses esforços para que ele possa valorizar o processo de chegar a uma solução, tanto quanto a solução em si. Também podemos criar confiança em nossos filhos motivando-os a buscar novas competências e áreas de conhecimento. Um senso interno de motivação será a chave para a preparação para o futuro.

ESTABELECIMENTO DE METAS COMO PARTE DO APRENDIZADO

Para ter fé em suas próprias habilidades, os jovens precisam ter senso de realização. Isso significa que eles devem saber quais são suas metas e objetivos antes de começar qualquer tarefa. As metas devem ser específicas e realistas. Elas podem ser apresentadas pelos pais ou professores, ou desenvolvidas junto com a criança. Por exemplo, digamos que a meta é aprender um instrumento. Depois que a meta for estabelecida, objetivos mais concretos, como poder tocar uma música específica dentro de certo tempo e um planejamento de prática diária devem ser o próximo passo. Objetivos mensuráveis ajudarão as crianças a ver mais facilmente sua evolução. Conseguir reconhecer as próprias realizações é parte importante da construção da confiança.

A confiança desenvolvida na juventude acompanhará os indivíduos até a idade adulta. Para ter uma vida profissional de sucesso, a confiança é um dos traços de caráter mais fundamentais — o motivo é que ela torna uma pessoa mais disposta a assumir riscos, mais disposta a admitir quando não sabe algo e mais disposta a aprender. Estar disposto a fazer mais, em geral, é o que ajuda na conquista de realizações, no reconhecimento no mercado trabalho e no ganho de mais controle da vida profissional em um mundo onde a carreira tradicional em horário comercial não existe mais. A confiança traz a autossuficiência necessária para que as crianças construam um futuro a partir das oportunidades disponíveis, independentemente do que a economia voltada para a inteligência artificial reserva para o futuro.

EM DIREÇÃO A UM FUTURO DESCONHECIDO

Ensinar aos nossos filhos os quatro Cs é vital para proporcionar-lhes uma base sólida para enfrentar o futuro. Essas habilidades não são apenas essenciais: elas são o mínimo que devemos enfatizar para ajudar as crianças a se destacar em nosso mundo impulsionado pela tecnologia.

Não sabemos o que vai acontecer nos próximos dez ou mesmo cinco anos, mas sabemos que a educação formal de hoje não vai preparar nossos filhos para a economia de amanhã. O foco na criatividade, codificação, comunicação e confiança ensinará nossos futuros líderes a circular e a se adaptar ao ambiente, seja ele qual for. Com os quatro Cs, eles serão capazes de processar informações de modo eficaz, expressar-se melhor e compreender com segurança a relação entre humanos e máquinas.

Tudo isso será muito mais valioso do que um histórico escolar perfeito ou uma graduação — isso os ajudará a viver uma vida satisfatória e gratificante em um mundo cheio de incertezas.

CONCLUSÃO

A falta de compreensão sobre a IA está nos impedindo de progredir como sociedade. As conversas em torno dessa tecnologia precisam se concentrar na capacitação de pessoas e na geração de tecnologia centrada em nossas necessidades. As máquinas nunca serão seres humanos. Esse debate não deveria estar acontecendo apenas entre cientistas e acadêmicos e em grupos de estudo. Precisamos tornar esse debate público. Neste momento, pouco se fala desse assunto na esfera pública e, consequentemente, o setor público não participa da discussão. Se não houver esse posicionamento, então o setor privado dominará não apenas o desenvolvimento tecnológico, mas os rumos que tomarão as nossas vidas.

Essa questão é mais importante do que nunca. A eleição de Donald Trump e a saída do Reino Unido da UE foram dois eventos que expuseram como nossos sistemas liberais são realmente frágeis. Nenhuma quantidade de tecnologia pode consertar uma sociedade quebrada. A má administração do uso da tecnologia deu credibilidade a um medo extremamente populista e retórico em torno da perda de empregos para as máquinas. Precisamos reestruturar essa conversa para mostrar como a tecnologia apenas melhorou a eficiência de tudo. Em vez de eliminar empregos, a IA está nos forçando a repensar nossa concepção de padrões da indústria, em favor de novos paradigmas.

Também devemos iniciar discussões mais significativas sobre como as tecnologias de IA podem ser prejudiciais para a sociedade e para nós como indivíduos. Por exemplo, nos últimos anos, estamos vendo cada vez mais alunos nas salas de aula olhando para seus smartphones e mensagens de texto, negligenciando o ensino. É verdade que isso pode ser resultado de sermos professores extremamente enfadonhos, mas também é provável que esses alunos não tenham mais a força nem a capacidade de resistir à tentação do WhatsApp, Facebook, ou mesmo das compras online. E mesmo quando não estão colados nas telas, muitos não se dão ao trabalho de fazer anotações — eles preferem apenas permanecer sentados e tirar fotos do quadro quando necessário.[152] Pesquisas passadas mostraram que fazer anotações pode melhorar o aprendizado dos alunos. De fato, a quantidade de anotações feitas está diretamente relacionada à quantidade de informação que pode ser retida pelo cérebro.[153] As distrações têm causado um impacto na capacidade de aprender — em uma época em que a vontade de aprender é, sobretudo, uma técnica de sobrevivência.

Os governos também precisam recuperar o atraso em relação ao diálogo sobre tecnologia e políticas voltadas para a IA, mas não podemos deixar isso a critério deles. Sociedades, empresas e mídia são os responsáveis por estabelecer o que a IA pode e não pode fazer. Sob as expectativas erradas, os órgãos de governo irão apresentar políticas e regulamentações tolas e até perigosas. Os carros autônomos ainda não estão prontos para serem utilizados por muitas razões, mas alguns governos estão dizendo que os querem nas estradas até uma determinada data. Isso é loucura. Precisamos cobrar posicionamento dos governos e encorajá-los a ser mais precisos quando se trata de IA.

Também precisamos ajudar nossos governos a entender que a IA não é uma panaceia abrangente, mas uma ferramenta limitada de resolução de problemas. Questões sociais sempre terão urgência em ser resolvidas, porque soluções simples de engenharia nunca serão suficientes para consertar os males das comunidades. No entanto, se pudermos encontrar novas soluções fora da caixa, a IA pode ser uma ferramenta poderosa.

PARA ONDE ESTAMOS INDO?

Nos próximos anos, seremos forçados a enfrentar as questões éticas e práticas que envolvem a tecnologia da IA. Queiramos ou não, a IA terá presença permanente em nossas vidas (e, de muitas maneiras, já tem). Não podemos interromper o progresso, portanto, precisamos aprender a usar essa tecnologia com eficiência para o nosso próprio bem.

Acreditamos firmemente que a IA criará empregos, oportunidades e infraestruturas que ainda não podemos sequer conceber. Também tememos que, sem muitos interessados na arena do desenvolvimento da IA, haverá uma falta de coesão em termos de interesse global. Isso pode ser perigoso a longo prazo.

Se a IA é, em última análise, nossa amiga ou nossa inimiga, depende completamente das pessoas que a concebem, projetam e empregam. Como qualquer tecnologia, ela pode ser usada para fins destrutivos, mas também pode se tornar uma força criativa positiva. Como sociedade, podemos nos preparar para a revolução da IA através da educação e da redefinição da nossa relação com a tecnologia. Isso inclui criar um novo tipo de bússola moral para o desenvolvimento da IA. Precisamos trazer especialistas para a conversa e estar atentos aos vieses que podem influenciar a programação de sistemas.

TOMAR AS RÉDEAS DE NOVO

Não consideramos que deixar o desenvolvimento da IA apenas nas mãos de algumas corporações privadas seja produtivo. Infelizmente, é o que está acontecendo hoje, com o domínio das FAANG e das BAT. Precisamos encorajar os governantes do mundo inteiro a intervir para dar a outras entidades dos setores público e privado uma chance de entrar no ringue.

As coisas mudam muito rapidamente, e a única maneira de garantir que prosperemos, como adultos ou crianças, é acompanhando as tendências e os assuntos atuais. Leia os jornais on-line (ou melhor ainda, a versão em papel) e acompanhe notícias sobre as empresas. É importante saber quem está impulsionando a IA, o que está sendo criado e quais são os objetivos.

Também devemos estar cientes de como a IA funciona em termos de tomada de decisão. Imagine se deixássemos a IA tomar decisões sobre condenações criminais com base apenas em estatísticas. Por exemplo, se você for um homem sendo julgado por uma máquina por uma acusação de homicídio, ela o julgará de forma muito menos favorável, somente pela natureza dos dados inseridos. Estatisticamente, três em cada quatro assassinatos são cometidos por homens, e uma máquina alimentada com tais dados provavelmente colocarão os homens em uma posição de desvantagem só por serem homens. Isso não tem nada a ver com discriminação ou preconceito. É apenas um fato histórico.[154] Precisamos pensar em todos esses fatores e descobrir soluções para tornar a IA mais equitativa.

Devemos nos envolver mais nos debates sobre os aspectos negativos da IA. O perigo real não são as máquinas, mas os próprios seres humanos e as formas como eles programam e empregam a IA.

Imagine que há pessoas por aí que anseiam experimentar em primeira mão como foi lutar nas praias da Normandia no Dia D, como parte da campanha aliada para libertar a França e a Europa. Isso poderia ser possível através de dispositivos de realidade aumentada e virtual. Se a demanda pudesse ser transformada em lucro, o desenvolvedor inventaria uma simulação para celebrar atos heroicos. Agora, o que aconteceria se também existisse um grupo de indivíduos que quisessem sentir a emoção de decapitar um prisioneiro, como alguns grupos terroristas fazem? Seria ético ou moral produzir tal simulação? De que forma você traça a linha entre essas duas demandas? Se a segunda hipótese representasse uma oportunidade de negócio lucrativa, é provável que uma empresa introduzisse tal simulação. Isso seria correto?[155]

Embora o nome deste livro seja *A era da Inteligência Artificial*, ele trata menos da IA em si e mais sobre a experiência humana na convivência com a IA. Nada acontece de repente e, à medida que a tecnologia evolui, é importante usar esses avanços como uma lente para examinar o papel da humanidade em nossa crescente dependência da tecnologia.

Haverá sempre obstáculos e desenvolvimentos imprevistos que impedirão o desenvolvimento da IA. Por essa razão, devemos considerar seriamente coisas como a *Magna Carta for Inclusivity and Fairness in the Global AI Economy* [Magna Carta para a Inclusão e a Equidade da IA na Economia Mundial], que projetará o conjunto de regras consideradas necessárias para avançarmos.[156]

Para aqueles que precisam se atualizar sobre a Magna Carta original, esta foi um documento pioneiro de 1215 que reconheceu os direitos humanos pela primeira vez. Criada em resposta ao abuso de poder cometido pelo rei João de Inglaterra, a Magna Carta garantia os direitos dos cidadãos que, após a assinatura do trato, não poderiam mais ser perseguidos e presos sem causa justa e legal.

Conforme a Quarta Revolução Industrial molda ainda mais o mundo, devemos continuar a reafirmar nossos direitos, dessa vez em uma sociedade de alta tecnologia, movida pela IA. Se os governos não se envolverem, devemos tomar a frente. Está no nosso DNA. Protestamos por nossos direitos humanos individuais depois que Martinho Lutero se separou da igreja, depois da Declaração de Independência dos EUA e depois da Segunda Guerra Mundial (com o estabelecimento da ONU). Não há nada de errado em pensar sobre o papel que os humanos têm em um cenário de mudança. Além disso, não importa o que aconteça, a conversa precisa dar voz a todos.

Embora a Magna Carta para a IA tenha sido proposta, ela ainda não foi escrita. Ela deve ser criada não por três acadêmicos, mas por um meio colaborativo, desenvolvida a partir de uma diversidade de perspectivas de especialistas do mundo todo. Nossa visão é de uma carta de direitos inclusiva que molde nossa responsabilidade e oriente eticamente o investimento em IA. É nossa esperança que essa nova Carta Magna para o século XXI proteja não apenas nossos direitos, mas os de nossos filhos e os dos filhos de nossos filhos.

NOTAS

1. "Did a Human or a Computer Write This?" The New York Times, Nova York, 07 mar. 2015. Disponível em: <www.nytimes.com/interactive/2015/03/08/opinion/sunday/algorithm-human-quiz.html>. Acesso em: 01 out. 2018.

2. "The Next Rembrandt: can the great master be brought back to create one more painting? A collaboration between ING, Microsoft, TU Delft and Mauritshuis". Disponível em: <www.nextrembrandt.com>.

3. Decidimos não incluir aqui a imagem real de The Next Rembrandt porque não podemos dizer quem detém a autoria e os direitos autorais. Ver: LANZA, Emily. "Who Painted Rembrandt? Copyright and Authorship of Two Rembrandt Portraits", The Legal Palette, 21 fev. 2018, para implicações. Disponível em: <www.thelegalpalette.com/home/2018/2/21/

who-painted-rembrandt-copyright-and-authorship-of-two-rembrandt-portraits>. Acesso em: 26 dez. 2018.

4. KHARPAL, Arjun. "A.I. Will Be 'Billions Of Times' Smarter Than Humans and Man Needs to Merge With It, Expert Says". CNBC, Englewood Cliffs, 13 fev. 2018. Disponível em: <www.cnbc. com/2018/02/13/a-i-will-be-billions-of-times-smarter que os humanos-man-and-machine-need-to-merge.html>. Acesso em: 11 out. 2018.

5. DOBBS, Richard; MANYIKA, James; WOETZEL, Jonathan. No Ordinary Disruption: The Four Global Forces Breaking All the Trends. Nova York: PublicAffairs, 2016.

6. "Number of Monthly Active WeChat Users from 3rd Quarter 2011 to 3rd Quarter 2018 (in millions)", Statista, 2018. Disponível em: <www.statista.com/statistics/255778/number-of-active-wechat--messenger-accounts/>. Acesso em: 26 nov. 2018.

7. BERGGRUEN, Nicolas; GARDELS, Nathan. "A Wakeup Call For Europe", The Washington Post, Washington, 27 set. 2018. Disponível em: <www.washingtonpost.com/news/theworldpost/wp/2018/09/27/europe/? utm_term=.e984a5543bfa>. Acesso em: 26 nov. 2018.

8. ANDREESSEN, Marc. "Why Software Is Eating The World', The Wall Street Journal, Nova York, 20 ago. 2011. Disponível em: <www.wsj.com/articles/SB10001424053111903480904576512250915629460> . Acesso em: 26 dez. 2018.

9. IP, Greg. "The Antitrust Case Against Facebook, Google and Amazon", The Wall Street Journal, Nova York, 16 jan. 2018. Disponível em:

<www.wsj.com/articles/the-antitrust-case-against-facebook-google-amazon-and-apple-1516121561>. Acesso em: 25 nov. 2018; BRANDOM, Russell. "The Monopoly-Busting Case Against Google, Amazon, Uber, And Facebook", The Verge, Nova York, 5 set. 2018. Disponível em: <www.theverge.com/2018/9/5/17805162/monopoly-antitrust-regulation-google-amazon-uber-facebook>. Acesso em: 25 nov. 2018.

10. ALEY, Doug. "It's Hard to Compete With Tech Giants Like Google and Amazon — But It Can Be Done". Entrepreneur Europe, 18 jul. 2018. Innovation. Disponível em: <www.entrepreneur.com/article/316376>. Acesso em: 25 nov. 2018.

11. KAHNEMAN, Daniel. Thinking Fast And Slow. Londres: Penguin, 2011.

12. "Exponential Wisdom Podcast", episódio 33. 31 mar. 2017. Disponível em: <podcast.diamandis.com/2017/03/31/episode-33-evoluçãodahumanidade-com-ai>. Acesso em: 27 dez. 2018.

13. HUANG, Eustance. "'Never Underestimate Human Stupidity', Says Historian Whose Fans Include Bill Gates And Barack Obama". CNBC, Englewood Cliffs, 15 jul. 2018. Politics. Disponível em: <www.cnbc.com/2018/07/13/never-underestimate-human-stupidity-says-historian-and-author.html>. Acesso em: 18 dez. 2018.

14. SUSSKIND, Jamie. Future Politics: Living Together in a World Transformed by Tech. Oxford: Oxford University Press, 2018.

15. TUFEKCI, Zeynep. "Twitter and Tear Gas: The Power and Fragility of Networked Protest". New Haven: Yale University Press, 2018.

16. “Republic”. In: Oxford Dictionary (on-line). Oxford: Oxford University Press. Disponível em: <en.oxforddictionaries.com/definition/republic>. Acesso em: 27 nov. 2018.

17. GRIFFIN, Andrew. “Facebook’s Artificial Intelligence Robots Shut Down After They Start Talking to Each Other in Their Own Language”. Independent, Londres, 31 jul. 2017. Disponível em: <www.independent.co.uk/life-style/gadgets-and-tech/news/facebook-artificial-intelligence-ai-chatbot-new-languagage-research-openai-google-a7869706.html>. Acesso em: 28 nov. 2018.

18. SAMONITE, Tom. “No, Facebook’s Chatbots Will Not Take Over the World”. Wired, São Francisco, 01 ago. 2017. Disponível em: <www.wired.com/story/facebooks-chatbots-will-not-take-over-the-world>; EMERY, David. “Did Facebook Shut Down an AI Experiment Because Chatbots Developed Their Own Language?” Snopes, Tacoma, 01 ago. 2017. Technology. Disponível em: <www.snopes.com/fact-check/facebook-ai-developed-own-language>. Acesso em: 28 nov. 2018.

19. KUCERA, Roman. “The Truth Behind Facebook AI Inventing a New Language”. Towards Data Science, 7 ago. 2017. Disponível em: <towardsdatascience.com/the-truth-behind-facebook-ai-inventing-a-new-language-37c5d680e5a7>. Acesso em: 28 nov. 2018.

20. CADWALLADR, Carole. “Are The Robots About to Rise? Google’s New Director Of Engineering Thinks So…” The Guardian, Londres, 22 fev. 2014. Technology. Disponível em: <www.theguardian.com/technology/2014/feb/22/robots-google-ray-kurzweil-terminator-singularity-artificial-intelligence>. Acesso em: 28 nov. 2018.

21. SEARLE, John R. Minds, Brains, and Programs. Behavioral and Brain Sciences, v. 3, n. 3, p. 417-457, set. 1980.

22. GIBBS, Samuel. "Elon Musk: Artificial Intelligence Is Our Biggest Existential Threat". The Guardian, Londres, 27 out. 2014. Disponível em: <www.theguardian.com/technology/2014/oct/27/elon-musk--artificial-intelligence-ai-biggest-existential-threat>. Acesso em: 28 nov. 2018.

23. RAWLINSON, Kevin. "Microsoft's Bill Gates Insists AI Is a Threat". BBC, Londres, 29 jan. 2015. Disponível em: <www.bbc.com/news/31047780>. Acesso em: 28 nov. 2018.

24. CELLAN-JONES, Rory. "Stephen Hawking Warns Artificial Intelligence Could End Mankind". BBC, Londres, 02 dez. 2014. Disponível em: <www.bbc.com/news/technology-30290540>. Acesso em: 28 nov. 2018.

25. BROWNE, Ryan. "Elon Musk Says Global Race for A.I. Will Be the Most Likely Cause of World War III". CNBC, Englewood Cliffs, 04 set. 2017. Disponível em: <www.cnbc.com/2017/09/04/elon-musk--says-global-race-for-ai-will-be-most-likely-cause-of-ww3.html>. Acesso em: 29 nov. 2018.

26. CLIFFORD, Catherine. "Elon Musk: 'Robots will be Able to Do Everything Better Than Us'". CNBC, Englewood Cliffs, 17 jul. 2017. Disponível em: <www.cnbc.com/2017/07/17/elon-musk-robots--will-be-able-to-do-everything-better-than-us.html>. Acesso em: 29 nov. 2018.

27. CLIFFORD, Catherine. "Bill Gates: I do not agree with Elon Musk about A.I. 'We shouldn't panic about it'". CNBC, Englewood Cliffs,

25 set. 2017. Disponível em: <www.cnbc.com/2017/09/25/bill-gates--disagrees-with-elon-musk-we-shouldnt-panic-about-a-i.html>. Acesso em: 28 nov. 2018.

28. Ver nota 21.

29. FRIEDMAN, Thomas L. Thank You for Being Late: An Optimist's Guide to Thriving in the Age of Accelerations: Pausing to Reflect on the Twenty-First Century. Londres: Penguin, 2017.

30. ZITTRAIN, Jonathan. "Engineering an Election". Harvard Law Review, Cambridge, 20 jun. 2014. Disponível em: <harvardlawreview.org/2014/06/engineering-an-election>. Acesso em: 29 nov. 2018.

31. O'NEIL, Cathy. Weapons of Math Destruction: How Big Data Increases Inequality and Threatens Democracy. Nova York: Random House, 2016.

32. CHUI, Michael; MANYIKA, James; MIREMADI, Mehdi. "How Many of Your Daily Tasks Could Be Automated?" Harvard Business Review, Cambridge, 14 dez. 2015. Disponível em: <www.hbr.org/2015/12/how-many-of-your-daily-tasks-could-be-automated>. Acesso em: 29 nov. 2018.

33. TSE, Terence; ESPOSITO, Mark. Understanding How the Future Unfolds: Using DRIVE to Harness the Power of Todays' Megatrends. Carson City: Lioncrest, 2017.

34. FREY, Benedikt Carl; OSBORNE, Michael. The Future of Employment: How Susceptible Are Jobs to Computerisation?, set. 2013.

35. NEDELKOSKA, Ljubica; QUINTINI, Glenda. "Automation, Skills Use And Training". OECD Social, Employment and Migration Working Papers, n. 202, OECD Publishing.

36. BESSEN, James. "How Computer Automation Affects Occupations: Technology, Job, And Skills". Boston University School of Law & Economics Working Paper, n. 15-49, 2016.

37. TETT, Gillian. "How Robots Are Making Humans Indispensable", Financial Times, 22 dez. 2016. Disponível em: <www.ft.com/content/da95cb2c-c6ca-11e6-8f29-9445cac8966f.> Acesso em: 29 nov. 2018.

38. Ver nota 33.

39. KREMER, Michael. "The O-Ring Theory of Economic Development", Quarterly Journal of Economic, v. 108, n. 3, p. 551- 575, ago. 1993.

40. AUTOR, David. "Why Are There Still So Many Jobs? The History and Future of Workplace Automation". Journal of Economic Perspectives, v. 29, n. 3, p. 3-30, 2015.

41. SHESTAKOFSKY, Benjamin. "Working Algorithms: Software Automation and the Future of Work". Work and Occupations, v. 44, n. 4, p. 376-423, ago. 2017.

42. BESSEN, James. Learning by Doing: The Real Connection between Innovation, Wages, and Wealth. New Haven: Yale University Press, 2015.

43. "Human Need Not Apply". 2014. 1 vídeo (15 min). Publicado pelo canal CGP Grey. Disponível em: <www.youtube.com/watch?v=7P-q-S557XQU. Acesso em: 22 jan. 2019.

44. DICKERSON, Desmond. “No Hands: The Autonomous Future of Trucking”. Center for the Future of Work, Teanek, 2018. Disponível em: <www.cognizant.com/whitepapers/no-hands-the-autonomous-future-of-trucking-codex3867.pdf>. Acesso em: 29 nov. 2018.

45. WILLIAMSON, Jeffrey. Did British Capitalism Breed Inequality? Boston: Allen & Unwin, 1985.

46. SCHWAB, Klaus. “The Fourth Industrial Revolution: what it means, how to respond”. WEF, 14 jan. 2016. Disponível em: <www.weforum.org/agenda/2016/01/the-fourth-industrial-revolution-what-it-means-and-how-to-respond.> Acesso em: 19 jan. 2019.

47. CROSS, Tim. “After Moore’s Law”. The Economist, Londres, 12 mar. 2016. Disponível em: <www.economist.com/technology-quarterly/2016-03-12/after-moores-law>. Acesso em: 18 jan. 2019.

48. WORLD ECONOMIC FORUM. “Technology and Innovation for the Future of Production: accelerating value creation”. Geneva, 2017. Disponível em: <www3.weforum.org/docs/WEF_White_Paper_Technology_Innovation_Future_of_Production_2017.pdf>. Acesso em: 19 jan. 2019.

49. SINGH, Tarry. “Why Data Scientists Are Crucial for AI Transformation”. Forbes, Jersey City, 13 set. 2018. Disponível em: <www.forbes.com/sites/cognitiveworld/2018/09/13/why-data-scientists-are-crucial-for-ai-transformation/#65df7eb83f6f>. Acesso em: 18 jan. 2019.

50. NSENGIMANA, Jean Phibert. “How Africa Wins the Fourth Industrial Revolution”. Forbes, Jersey City, 10 out. 2018. Disponível em: <www.forbes.com/sites/startupnationcentral/2018/10/10/

how-africa-wins-the-4th-industrial-revolution/#71826e92f371>. Acesso em: 19 jan. 2019.

51. COWEN, Tyler. "Computing the Social Value of Uber (It's High)". Bloomberg, Nova York, 08 set. 2016. Disponível em: <www.bloomberg.com/opinion/articles/2016-09-08/computing-the-social-value-of-uber-it-s-high>. Acesso em: 16 jan. 2019.

52. KLINGES, David. "A New Dimension to Marine Restoration: 3D printing coral reefs". Mongabay, Menlo Park, 27 ago. 2018. Disponível em: <www.news.mongabay.com/2018/08/a-new-dimension-to-marine-restoration-3d-printing-coral-reefs>. Acesso em: 18 jan. 2019.

53. NETBURN, Deborah. "Newly Discovered Bacteria Can Eat Plastic Bottles". Phys, Londres, 11 mar. 2016. Disponível em: <phys.org/news/2016-03-newly-bacteria-plastic-bottles.html>. Acesso em: 19 jan. 2019.

54. "Stanford Scientist Make Renewable Plastic from Carbon Dioxide and Plants". Stanford News, Stanford, 09 mar. 2016. Disponível em: <news.stanford.edu/news/2016/march/low-carbon-bioplastic-030916.html>. Acesso em: 18 jan. 2019.

55. SHAHRZAD, Darafsheh. "How Does Brain Sensing Technology Work?" IoT for All, 13 set. 2017. Disponível em: <www.iotforall.com/brain-sensing-technology-muse-headband>. Acesso em: 18 jan. 2019.

56. CHOI, Charles Q. "AI Can Help Patients Recover Ability to Stand and Walk". IEEE Spectrum, Nova York, 19 jul. 2017. Disponível em: <spectrum.ieee.org/the-human-os/biomedical/devices/

ai-can-help-patients-recover-ability-to-stand-and-walk>. Acesso em: 18 jan. 2019.

57. BHATIA, Richa. "Understanding Moravec's Paradox and Its Impact On Current State Of AI". Analytics India Magazine, Bangalore, 7 jun. 2018. Disponível em: <www.analyticsindiamag.com/understanding-moravecs-paradox-and-its-impact-on-current-state-of-ai>. Acesso em: 18 jan. 2019.

58. SANBURN, Josh. "How Smart Traffic Lights Could Transform Your Commute". Time, Nova York, 5 maio 2015. Disponível em: <time.com/3845445/commuting-times-adaptive-traffic-lights>. Acesso em: 18 jan. 2019.

59. Esta seção se baseia muito na discussão de: MCAFEE, Andrew; BRYNJOLFSSON, Erik. Machine, Platform, Crowd: Harnessing Our Digital Future. Nova York: W. W. Norton & Company, 2017.

60. HUTCHINS, John. "'The Whisky Was Invisible', or Persistent Myths of MT". MT News International, v. 11, p. 17-18, jun. 1995.

61. POLANYI, Michael. Personal Knowledge. Chicago: University of Chicago Press, 1958.

62. Ver nota 40.

63. AGRAWAL, Ajay; GANS, Joshua; GOLDFARB, Avi. Prediction Machines: The Simple Economics of Artificial Intelligence. Boston: Harvard Business School Press, 2018.

64. KELLY III, James E. "Computing, Cognition and the Future of Knowing: How Humans and Machines Are Forging a New Age of Understanding", 2015. Disponível em: <www.digintel.net/

wp-content/uploads/2017/11/Computing_Cognition_WhitePaper.pdf>

. Acesso em: 01 dez. 2018.

65. PUGET, Jean-François. "What is machine learning?" IBM Community, 18 maio 2016. Disponível em: <www.ibm.com/developerworks/community/blogs/jfp/entry/What_Is_Machine_Learning?lang=en_us>. Acesso em: 01 dez. 2018.

66. GARYCHL. "Applications of Reinforcement Learning in Real World". Towards Data Science, 01 ago. 2018. Disponível em: <towardsdatascience.com/applications-of-reinforcement-learning-in-real-world-1a94955bcd12>. Acesso em: 01 dez. 2018.

67. "Google DeepMind's Deep Q-learning playing Atari Breakout". 2015. 1 vídeo (1 min 42 seg). Publicado pelo canal Two Minute Paper. Disponível em: <www.youtube.com/watch?v=V1eYniJ0Rnk&vl=en&ytbChannel=null>. Acesso em: 01 dez. 2018.

68. FRY, Hannah. Hello World: How to Be Human in the Age of the Machine. Londres: Doubleday, 2018.

69. LIANG, Xiaoyuan; DU, Xusheng; WANG, Guiling; HAN, Zhu. "Deep Reinforcement Learning for Traffic Light Control In Vehicular Networks". IEEE Transactions on Vehicular Technology, v. 20, n. 20, p. 1-11, mar. 2018; ZHAO, Xiangyu; XIA, Long; ZHANG, Liang; DING, Zhuoye; YIN, Dawei Yin; TANG, Jiliang. "Deep Reinforcement Learning for Page-Wise Recommendations". RecSys, ago. 2018. Disponível em: <arxiv.org/pdf/1805.02343.pdf>. Acesso em: 01 dez. 2018.

70. “From not working to neural networking”. The Economist, Londres, 25 jun. 2016. Disponível em: <www.economist.com/special-report/2016/06/23/from-not-working-to-neural-networking>.

71. Ibid.

72. MEEKER, Mary. “Internet Trends Report”. KPCB, 28 maio 2014. Disponível em: <www.slideshare.net/kleinerperkins/internet-trends-2014-05-28-14-pdf>. Acesso em: 02 dez. 2018.

73. EVELETH, Rose. “How Many Photographs of You Are Out There In the World?” The Atlantic, Boston, 02 nov. 2015. Disponível em: <www.theatlantic.com/technology/archive/2015/11/how-many-photographs-of-you-are-out-there-in-the-world/413389>. Acesso em: 02 dez. 2018.

74. MCAFEE, Andrew; BRYNJOLFSSON, Erik. Machine, Platform, Crowd: Harnessing Our Digital Future. Nova York: W. W. Norton & Company, 2017.

75. Ibid.

76. GABINETE EXECUTIVO DO PRESIDENTE DOS ESTADOS UNIDOS. Big Data: A Report on Algorithmic Systems, Opportunity, and Civil Rights. Washington, 2016. Disponível em: <obamawhitehouse.archives.gov/sites/default/files/microsites/ostp/2016_0504_data_discrimination.pdf>. Acesso em: 02 dez. 2018.

77. TUCKER, Ian. “‘A white mask worked better’: why algorithms are not colour blind”. The Guardian, Londres, 28 maio 2017. Disponível em: <www.theguardian.com/technology/2017/may/28/

joy-buolamwini-when-algorithms-are-racist-facial-recognition--bias>. Acesso em: 02 dez. 2018.

78. TITCOMB, Richard. “Robot Passport Checker Rejects Asian Man’s Photo for Having his Eye Closed”. The Telegraph, Londres, 07 dez. 2016. Disponível em: <www.telegraph.co.uk/technology/2016/12/07/robot-passport-checker-rejects-asian-mans-photo-having-eyes>. Acesso em: 02 dez. 2018.

79. BARR, Alistair. “Google Mistakenly Tags Black People as ‘Gorillas’, Showing Limits of Algorithms”. The Wall Street Journal, Nova York, 01 jul. 2015. Disponível em: <blogs.wsj.com/digits/2015/07/01/google-mistakenly-tags-black-people-as-gorillas-showing-limits--of-algorithms>. Acesso em: 02 dez. 2018.

80. HERN, Alex. “Flickr faces complaints over ‘offensive’ auto-tagging for photos”. The Guardian, Londres, 20 maio 2015. Disponível em: <www.theguardian.com/technology/2015/may/20/flickr-complaint-s-offensive-auto-tagging-photos>. Acesso em: 02 dez. 2018.

81. ZHAO, Jieyu; WANG, Tianlu; YATSKAR, Mark; ORDONEZ, Vicente; CHANG, Kai-Wei. “Men Also Like Shopping: Reducing Gender Bias Amplification using Corpus-level Constraints”. In: Proceedings of the 2017 Conference on Empirical Methods in Natural Language Processing, 2017. Stroudsburg: Association for Computational Linguistics, 2017.

82. Ver nota 14.

83. EUBANKS, Virginia. Automating Inequality: How High-Tech Tools Profile, Police, and Punish the Poor. Nova York: St Martin’s, 2018.

84. SIMONITE, Tom. “When It Comes to Gorillas, Google Photos Remains Blind”. Wired, São Francisco, 11 jan. 2018. Disponível em: <www.wired.com/story/when-it-comes-to-gorillas-google-photos--remains-blind. Acesso em: 02 dez. 2018>.

85. VINCENT, James. “Welcome to The Automated Warehouse Of The Future”. The Verge, Nova York, 08 maio 2018. Disponível em: <www.theverge.com/2018/5/8/17331250/automated-warehouses--jobs-ocado-andover-amazon>. Acesso em: 20 jan. 2019.

86. “Revenues from the Artificial Intelligence (AI) Market Worldwide from 2015 to 2024”. Statista, 2018. Disponível em: <www.statista.com/statistics/621035/worldwide-artificial-intelligence-market-revenue>. Acesso em: 03 dez. 2018.

87. RANSBOTHAM, Sam; KIRON, David; GERBERT, Philipp; REEVE, Martin. “Reshaping Business with Artificial Intelligence: Closing the Gap Between Ambition and Action”. MIT Sloan Management Review. Cambridge: MIT, 2017.

88. BRYNJOLFSSON, Erik; MCAFEE, Andrew. “The Business of Artificial Intelligence: What It Can-And Cannot-Do for Your Organization”. Harvard Business Review, Boston, 21 jul. 2017.

89. LYNCH, Shana. “Andrew, Ng: Why AI Is the New Electricity”. Stanford Business, Stanford, 11 mar. 2017. Disponível em: <www.gsb.stanford.edu/insights/andrew-ng-why-ai-new-electricity>. Acesso em: 03 dez. 2018.

90. Ver nota 74.

91. BECK, Andrew. “Artificial Intelligence For Computational Pathology”. In: Machine Learning for Healthcare, 2., 2017. Boston:

Northeastern University, 2017. Disponível em: <mlhc17mit.github.io/slides/lecture6.pdf>. Acesso em: 04 dez. 2018.

92. Gostaríamos de agradecer ao nosso amigo e colega Hajime Hotta por essa ideia.

93. STANFORD VISION LAB; STANFORD UNIVERSITY; PRINCETON UNIVERSITY, "Large Scale Visual Recognition Challenge (ILSVRC)", 2017. Disponível em: <image-net.org/challenges/talks_2017/ILSVRC2017_overview.pdf>. Acesso em: 03 dez. 2018.

94. MEEKER, Mary. "Internet Trends Report 2017". KPCB, 31 maio 2017. Disponível em: <www.slideshare.net/kleinerperkins/internet-trends-2017-report>. Acesso em: 03 dez. 2018.

95. Ver nota 63.

96. Ver nota 63.

97. DANZIGER, Shai; LEVAV, Jonathan; AVNAIM-PESSO, Liora. "Extraneous Factors in Judicial Decisions". In: Proceedings of the National Academy of Sciences, 17., 2011. Washington: National Academy of Sciences (NAS), 2011. v. 108, n. 17, p. 6889-6892.

98. LEE, Kai-Fu. AI Superpowers: China, Silicon Valley, and the New World Order. Boston: Houghton Mifflin Harcourt Publishing Company, 2018.

99. Novamente, um muito obrigado a Hajime Hotta pela sugestão.

100. MINSKY, Carly. "Kai-Fu Lee: No Hope For Europe's Artificial Intelligence Sector". Sifted, Londres, 14 dez. 2018. Articles. Disponível

em: <sifted.eu/articles/interview-kaifu-lee-artificial-intelligence>. Acesso em: 03 dez. 2018.

101. WINGFIELD; Nick; DE LA MERCED, Michael J.. "Amazon to Buy Whole Foods for $13.4 Billion". The New York Times, Nova York, 16 jun. 2017. Disponível em: <www.nytimes.com/2017/06/16/business/dealbook/amazon-whole-foods.html>. Acesso em: 04 fev. 2019.

102. Ver nota 33.

103. "On Earnings Calls, Big Data Is Out. Execs Have AI On The Brain". CB Insights, Nova York, 30 nov. 2017. Disponível em: <www.cbinsights.com/research/artificial-intelligence-earnings-calls>. Acesso em: 04 dez. 2018.

104. Ver nota 68.

105. "MMC Presents: The State of AI 2019: Divergence". Londres, 2019. Disponível em: < www.stateofai2019.com/>

106. Muitas pessoas afirmaram isso, incluindo CEOs, cientistas e pelo menos um comissário europeu. Ver: HAUPT, Michael. "'Data is the New Oil': A Ludicrous Proposition". Medium, São Francisco, 2 maio 2016. Disponível em: <medium.com/project-2030/data-is-the--new-oil-a-ludicrous-proposition-d91bba4f294>. Acesso em: 04 dez. 2018.

107. HERN, Alex. "Why data is the new coal". The Guardian, Londres, 27 set. 2016. Disponível em: <www.theguardian.com/technology/2016/sep/27/data-efficiency-deep-learning>. Acesso em: 04 dez. 2018.

108. CHARETTE, Robert N. "'Samsung Securities' $105 Billion Fat-Finger Share Error Triggers Urgent Regulation Inquiry". IEEE Spectrum, Nova York, 13 abr. 2018. Disponível em: <spectrum.

ieee.org/riskfactor/computing/it/samsung-securities-105-billion--fatfinger-share-error-triggers-urgent-regulator-inquiry>. Acesso em: 04 dez. 2018.

109. CANNY, William. "Deutsche Bank's Bad News Gets Worse With $35 Billion Flub". Bloomberg, Nova York, 19 abr. 2018. Disponível em: <www.bloomberg.com/news/articles/2018-04-19/deutsche-bank--flub-said-to-send-35-billion-briefly-out-the-door>. Acesso em: 04 dez. 2018.

110. As três considerações são extraídas de: GOLDFEIN, Jocelyn; NGUYEN, Ivy. "Data Is Not The New Oil". TechCrunch, São Francisco, 27 mar. 2018. Disponível em: <techcrunch.com/2018/03/27/data-is-not-the-new-oil>. Acesso em: 05 dez. 2018.

111. HERNANDEZ, Marco; DUHALDE, Marcelo. "How The Asian Face Got Its Unique Characteristics". South China Morning Post, Hong Kong, 07 jul. 2017. Disponível em: <www.scmp.com/infographics/article/2100532/how-asian-face-got-its-unique-characteristics>. Acesso em: 20 fev. 2019.

112. "Number of Apps Available in Leading App Stores as of 3rd Quarter 2018". Statista. Disponível em: <www.statista.com/statistics/276623/number-of-apps-available-in-leading-app-stores>. Acesso em: 23 fev. 2019.

113. FREIER, Anne. "App Revenue Reaches $92,1 Billion in 2018 Driven By Mobile Gaming Apps". Business of Apps, 13 set. 2018. Disponível em: <www.businessofapps.com/news/app-revenue--reaches-92-1-billion-in-2018-driven-by-mobile-gaming-apps>. Acesso em: 23 fev. 2019.

114. ALTER, Lloyd. "People Are Outraged to See Refugees With Smartphones. They Shouldn't Be". MNN, 08 set. 2015. Disponível em: <www.mnn.com/green-tech/gadgets-eletrônicos/blogs/people-are-outraged-see-refugees-smartphones-they-shartphones-they-shouldnt-be>. Acesso em: 24 jan. 2019.

115. MOSHER, Dave; KIERSZ, Andy. "Elon Musk has job openings for more than 500 people at SpaceX — here's who the rocket company wants to hire". Business Insider, Nova York, 07 jun. 2018. Disponível em: <www.businessinsider.com/spacex-jobs-elon-musk-hiring--open-positions-2018-6>. Acesso em: 23 jan. 2019.

116. HINER, Jason. "AI will eliminate 1.8M jobs but create 2.3M by 2020, claims Gartner". TechRepublic, São Francisco, 02 out. 2017. Disponível em: <www.techrepublic.com/article/ai-will-eliminate-1-8m-jobs-but-create-2-3m-by-2020-claims-gartner>. Acesso em: 24 jan. 2019.

117. TRUDEAU, Justin. Mandate for the International Panel on Artificial Intelligence. Montreal, 06 dez. 2018. Disponível em: <pm.gc.ca/eng/news/2018/12/06/mandate-international-panel-artificial-intelligence>. Acesso em: 24 jan. 2019.

118. EMIRADOS ÁRABES UNIDOS. UAE Strategy for Artificial Intelligence. EAU: Portal Oficial do Governo, 2017. Disponível em: <government.ae/en/about-the-uae/strategies-initiative-and-awards/federal-governments-strategies-and-plans/uae-strategy-for-artificial-intelligence>. Acesso em: 25 jan. 2019.

119. MALEK, Caline. "UAE Sees Future In Artificial Intelligence". The Arab Weekly, Londres, 12 set. 2018. Disponível em: <thearabweekly.com/uae-sees-future-artificial-intelligence>. Acesso em: 25 jan. 2019.

120. “Chinese man caught by facial recognition at pop concert”. BBC News, Londres, 13 abr. 2018. Disponível em: <www.bbc.com/news/world-asia-china-43751276>. Acesso em: 24 jan. 2019.

121. RUSSELL, Jon. “China’s CCTV surveillance network took just 7 minutes to capture BBC reporter”. TechCrunch, São Francisco, 10 dez. 2017. Disponível em: <techcrunch.com/2017/12/13/china-cct-v-bbc-reporter>. Acesso em: 24 jan. 2019.

122. Ver nota 120.

123. ZHOU, Jiaquan. “Drones, facial recognition and a social credit system: 10 ways China watches its citizens”. South China Morning Post, Hong Kong, 04 ago. 2018. Disponível em: <www.scmp.com/news/china/society/article/2157883/drones-facial-recognition-an-d-social-credit-system-10-ways-china>. Acesso em: 24 jan. 2019.

124. MACLEAN, Asha. “e-Estonia: What is all the fuss about?” ZDNet, 13 ago. 2018. Disponível em: <www.zdnet.com/article/e-estonia--what-is-all-the-fuss-about>. Acesso em: 25 jan. 2019.

125. KISSINGER, Henry A. “How the Enlightenment Ends”. The Atlantic, Boston, jun. 2018. Disponível em: <www.theatlantic.com/magazine/archive/2018/06/henry-kissinger-ai-could-mean--the-end-of-human-history/559124>. Acesso em: 25 jan. 2019.

126. CADWALLADR, Carole; Graham-Harrison, Emma. “Revealed: 50 million Facebook profiles harvested for Cambridge Analytica in major data breach”. The Guardian, Londres, 17 mar. 2018. Disponível em: <www.theguardian.com/news/2018/mar/17/cambridge-analy-tica-facebook-influence-us-election>. Acesso em: 01 fev. 2019.

127. GOOS, Maarten; MANNING, Alan; SALOMONS, Anna. "Explaining Job Polarization: Routine-Bias Technological Change and Offshoring". American Economic Review, v. 104, n. 8, p. 2509-2526, ago. 2014.

128. HARARI, Yuval Noah. "Homo Deus: A Brief History of Tomorrow". Nova York: Harper Collins, 2017.

129. GILES, Martin. "Artificial intelligence is often overhyped — and here's why that's dangerous". MIT Technology Review, Cambridge, 13 set. 2018. Disponível em: <www.technologyreview.com/2018/09/13/240156/artificial-intelligence-is-often-overhypedand-heres-why-thats-dangerous>. Acesso em: 25 jan. 2019.

130. JORDAN, Michael. "Artificial Intelligence — The Revolution Hasn't Happened Yet". Medium, São Francisco, 19 abr. 2018. Disponível em: <medium.com/@@mijordan3/artificial-inteligência-artificial--inteligência-a-revolução-hasnt-happened-yet-5e1d5812e1e7>. Acesso em: 25 jan. 2019.

131. TOPHAM, Gwyn. "Philip Hammond pledgess driverless cars by 2021 and warns people to retrain". The Guardian, Londres, 23 nov. 2017. Disponível em: <www.theguardian.com/world/2017/nov/23/philip-hammond-pledges-driverless-cars-by-2021-and-warns--people-to-retrain>. Acesso em: 25 jan. 2019.

132. Ver nota 68.

133. DAVIDSON, Cathy N. Now You See It: How Technology and Brain Science Will Transform Schools and Business for the 21st Century. Nova York: Penguin Books, 2012.

134. FISHMAN, Tiffany Dovey; SLEDGE, Linsey. “Reimagining Higher Education: how colleges, universities, businesses, and governments can prepare for a new age of lifelong learning”. Deloitte, Nova York, 2014. Disponível em: <www2.deloitte.com/content/dam/insights/us/articles/reimagining-higher-education/DUP_758_ReimaginingHigherEducation.pdf>. Acesso em: 25 jan. 2019.

135. Ver nota 29.

136. WORLD ECONOMIC FORUM. “The Future of Jobs Report 2018”. Geneva, 2018. Disponível em: <www3.weforum.org/docs/WEF_Future_of_Jobs_2018.pdf>. Acesso em: 25 jan. 2019.

137. MCGOWAN, Heather. “STOP Asking What… and Start asking WHY”. LinkedIn, 10 maio 2017. Disponível em: <www.linkedin.com/pulse/stop-asking-what-heather-mcgowan>. Acesso em: 26 jan. 2019.

138. CHRISTENSEN, Clayton M.; ALLWORTH, James; DILLON, Karen. How Will You Measure Your Life? Nova York: HarperCollins, 2012.

139. Ver nota 29.

140. ROSEN, Larry; SAMUEL, Alexandra. “Conquering Digital Distraction”. Harvard Business Review, Cambridge, jun. 2015. Disponível em: <hbr.org/2015/06/conquering-digital-distraction>. Acesso em: 26 jan. 2019.

141. WELLER, Chris. “Silicon Valley parents are raising their kids tech-free — and it should be a red flag”. Business Insider, Nova York, 18 fev. 2018. Disponível em: <www.businessinsider.com/

silicon-valley-parents-raising-their-kids-tech-free-red-flag-2018-2?r=US&IR=T>. Acesso em: 27 jan. 2019.

142. FRANK, Terri. “E-book versus Print: Which do We Retain Better?” DIY MFA, 27 nov. 2017. Disponível em: <diymfa.com/reading/e-books-versus-print-retain-better>. Acesso em: 27 jan. 2019.

143. COX, Stefani. “China Is Teaching Kids to Code Much, Much Earlier than the U.S.” Big Think, 19 nov. 2015. Disponível em: <bigthink.com/ideafeed/china-is-already-teaching-coding-to-the-next-generation>. Acesso em: 28 jan. 2019.

144. Ver nota 124.

145. “Infographic: Coding at school — How do EU countries compare?” EURACTIV, 16 out. 2015. Disponível em: <www.euractiv.com/section/digital/infographic/infographic-coding-at-school-how-do-eu-countries-compare>. Acesso em: 28 jan. 2019.

146. KROSS, Ethan; VERDUYN, Philippe; DEMIRALP, Emre; PARK, Jiyoung; LEE, David Seungjae; LIN, Natalie; SHABLACK, Holly; JONIDES, John; YBARRA, Oscar. “Facebook Use Predicts Declines in Subjective Well-Being in Young Adults”. PLoS ONE, v. 8, n. 8, e69841, ago. 2013.

147. ROSEN, Aliza. “Tweeting Made Easier”. Twitter Blog, 07 nov. 2017. Disponível em: <blog.twitter.com/official/pt_us/topics/product/2017/tweetingmadeeasier.html>. Acesso em: 26 jan. 2019.

148. MARTIN, Alex. “Startup takes out of fed-up workers’ exit plans”. Japan Times, Tóquio, 28 ago. 2018. Business. Disponível em: <www.japantimes.co.jp/news/2018/08/28/business/startup-takes-stress-fed-workers-exit-plans/#.XFrfeLjgpPY>. Acesso em: 26 jan. 2019.

149. "Word Gap: Not every child is exposed to a rich language environment". Talk with Me Baby. Disponível em: <www.talkwithme-baby.org/word_gap>. Acesso em: 26 jan. 2019.

150. DERUY, Emily. "Georgia's Fight To End the Childhood Word Gap", The Atlantic, Boston, 02 set. 2015. Disponível em: <www.theatlantic.com/politics/archive/2015/09/georgias-fight-to-end-the-childhoo-d-word-gap/432702>. Acesso em: 26 jan. 2019.

151. ANTHONY, K.S. "DARPA Seeks to Make AI Robots More Moral and Less Potentially Psychopathic By Teaching Them Manners". Outer Places, 28 jan. 2019. Disponível em: <www.outerplaces.com/science/item/19264-darpa-ai-human>. Acesso em: 29 jan. 2019.

152. KIEWRA, Kenneth A. "How Classroom Teachers Can Help Students Learn and Teach Them How to Learn". Theory Into Practice, v. 41, n. 2, p. 71-80, 2002.

153. NYE, Pauline A.; CROOKS, Terence J.; POWLEY, Melanie; TRIPP, Gail. "Student Note-Taking Related To University Examination Performance". Higher Education, v. 13, n. 1, p. 85-97, 1984.

154. Ver nota 68.

155. SUSSKIND, Jamie. "Should we allow self-driving cars to help people kill themselves?" Wired, Londres, 12 dez. 2018. Disponível em: <www.wired.co.uk/article/self-driving-car-ethics-morality>. Acesso em: 29 jan. 2019.

156. GROTH, Olaf; NITZBERG, Mark. Solomon's Code: Humanity in a World of Thinking Machines. Cambridge: Pegasus, 2018.